今ここにある日本の国難

トランプに手も足も出ない
習近平にどこまで媚びるのか

石平
Seki Hei

ビジネス社

――はじめに

権力闘争できしむ習近平政権の瓦解

かねてより筆者は、2022年10月の党大会で中国の習近平主席とその側近グループが共産党最高指導部を独占することにより、習近平独裁体制が真に成立したと記してきた。ところがいまになって体制の中枢部において、習近平主席とナンバー2の李強《りきょう》首相との深刻な軋轢《あつれき》が生じている。

事の発端は一昨年（2023年）の10月、習主席が国家主席として初めて中国人民銀行（中央銀行）を訪問して現場指導を行なったことであった。その訪問に、李首相が随行も立ち会いもしていなかったことは大いに注目された。

本来、中央銀行はまさに首相の〝直接所管（経済分野）〟である。国家主席が首相の頭越しに人民銀行を訪問するのはまずは異例なこと。その訪問に首相が立ち会っていないのはなおさら異例なことであった。

どうやら習主席が金融危機の管理に対する李首相の仕事ぶりに不満を持ち、自ら現場指導に乗り出したのではないかとの観測が広がった。理由がどうであれ異例づくしの中央銀行訪問は、主席と側近の李首相との間に不協和音がすでに生じてきていたことを意味する。

その後、習主席が李首相抜きの重要会議を主宰することは度々あったが、昨年2024年5月にはとうとう習主席主宰の中央政治局会議が、れっきとした政治局常務委員である李首相〝抜き〟で開催されるという前代未聞の事態が生じた。

しかも当該政治局会議の討議テーマが「中部地方崛起《くっき》促進の政策措置」と「金融リスクを防止するための責任制度に関する規定」であった。それは本来、経済所管トップの李首相こそが出席しなければならない会議なのだ。

ここまで来たら、習主席による李首相排除はもはや明々白々の事実となっていたわけだが、対する李首相のほうも黙ってはいなかった。昨年7月あたりから〝猛反撃〟に出た。

2024年7月19日、その前日に閉幕した共産党三中総会の結果を受け、国務院、全人代常務委員会、政治協商会議、そして党の中央規律検査委員会という四つの最高機関はそれぞれ、「三中総会の精神を学習する」会議を開いた。

この四つの学習会のうち、全人代・政治協商会議・中央規律検査委員会の三つは一様に、「習近平総書記の指導的地位の確立と習近平思想の指導理念としての確立（二つの確立）」を訴え、指導者に対する擁護と忠誠を表明した。

唯一、李首相主宰の国務院会議は「二つの確立」に対する言及は皆無で、他の三機関との鮮明な〝違い〟を見せた。中国の政治文化のなかでは、それはまさに李首相による「習近平離反」の挙動として理解された。

そして昨年8月4日、李首相主宰の国務院会議は「消費・サービス業の発展促進に関する意見書」を公布。そのなかで「学習支援産業の発展促進」をサービス業促進の具体策として打ち出した。

しかしながら中国国内では2021年7月、他ならぬ習主席の意向を受けて事実上の「学習塾禁止令」が敷かれていた。したがって李首相主導の「学習支援産業の発展促進」は誰からみても、習近平政策からの180度の転換で、独裁者の習主席に対する事実上の〝造反〟であるとみなされた。

こうして現在の政権の中枢部では、最高指導者の習主席と党内序列2位の李首相との軋轢が拡大、すでに顕在化しているわけである。

中国共産党政権史上、政権のナンバー1とナンバー2との間の軋轢ないし権力闘争は付き物だ。ときには大きな政治動乱を生むこともあった。

例えば毛沢東時代、毛沢東はナンバー2の劉少奇《りゅうしょうき》とその一派を打倒するために、文化大革命という名の〝紅衛兵《こうえいへい》運動〟を発動した。そして劉少奇に取って代わってナンバー2となった林彪《りんびょう》元帥は、毛沢東に対するクーデターに失敗し、非業の死を遂げた。

すでに始まった習主席と李首相との対立は今後どういう結果を生むのだろうか。

なお本書はユーチューブ「石平の週刊ニュース解説」をベースに、最新の現地情報や国際情勢の変化、ユーチューブ送信時には気付かなかった視点を加味し、大幅に加筆したものである。

皆さんの参考になれば幸甚です。

２０２５年2月

石平

第2章 人民解放軍による静かなる政変

第3章 不正と不満でゆがむ中国社会

第4章

絶望に覆われる中国経済

第5章

習外交と愛国主義

第7章

対談 山上信吾（前駐豪大使）VS石平
日本外交のていたらくを叱る！

おわりに

第1章

顕在化する習近平と李強の軋轢

習近平が仕掛けた株式バブル相場を潰した黒幕は李強首相

奏功した破天荒な株刺激策

昨年9月24日、中国では習近平氏主席の主導下、大幅な利下げと預金準備率の引き下げなどの経済刺激策が打ち出された。なかでも注目されたのは3000億元（約6・1兆円）規模の「株回収購入融資枠」を設けたことだ。企業がそれを使って自社株を購入することを奨励する、にわかには信じがたい方策であった。

この破天荒《はてんこう》な株刺激策は直ちに奏功した。スタートした翌日の25日から、上海株は連続3日間急上昇を見せ、2700ポイント台から3000ポイント台に急伸した。27日（金曜）の上海株は前日終値から4・5％も伸び、週間伸び率は驚異の16％にも達した。

そして土日をはさみ9月30日（月曜）の営業日を迎えると、上海株は8・06％も急騰。1日としては16年ぶりの大幅な値上がりとなった。その日、上海と深圳の両株式市場の取引額は2兆5930億元（約52兆6000億円）という史上最高額となった。

なぜ、そこまで中国株式市場が熱狂したのか？　前週末までの株価急騰を受け、中国では〝散戸〟と呼ばれる小口投資家や一般庶民が一攫千金《いっかくせんきん》を狙って一斉に株市場に参入したことの結果であった。

記憶を引き寄せると、そのときに中国国内では、「上海株はICUからいきなりKTVへ」というジョークが流行っていた。いまの上海株は、ICU集中治療室で治療を受けていた重病人がいきなり元気になってカラオケボックス（KTV）へ飛び込んで熱唱を始めたようなものだ、との意味合いである。9月30日の時点で、習近平主導の株刺激策は一見、空前の大成功を収めたかのように見えた。

翌日の10月1日から7日まで中国は国慶節《こっけいせつ》の7連休に入ったため、株式市場も休場となった。そしてこの連休中に、経済政策策定担当の国家発展改革委員会（日本の経済企画庁相当）が国慶節明けの10月8日に責任者全員出席の記者会見を開催するとの発表があった。

当然ながら、市場は皮算用した。政府がこの記者会見で追加の大型経済刺激策を発表するのではないか。そんな期待が一気にふくらんだ。

一部の御用経済学者にいたっては、「政府がいよいよ10兆元（211兆円相当）規模の経済刺激策を出す」というとんでもない希望的観測を打ち出して、人々を株式市場へ誘導しようとした。

このような雰囲気のなか、多くの中国国民は国慶節明けへの〝朗報〟に期待をふくらませて、大変ゆかいな7連休を過ごした。

連休中には、各観光地は観光客で超満員となったのみならず、各都市部の不動産市場も数年ぶりの活気を取り戻して売買が一気に活発になった。これで瀕死の中国経済はまさかの〝**起死回生**〟となるのではないかとの期待も高まった。

追加刺激策の発動をめぐる反応

しかし、かつて筆者が各メディアを通じて予言したとおりの結果となった。

そもそも経済全体が沈没している状況下で、実体経済の裏付けのない刺激策で株価を上げようとするやり方には限界がある。株価がある程度上がったところで〝売り逃げ〟する人たちが間違いなく出てくるからだ。いずれまた暴落して元の木阿弥《もくあみ》になるのではないか。投資家心理として、それは当然であろう。

国慶節明けから上海株は早くも、この「石平予言」が実現される方向へと向かった。10月8日、7連休を終えて上海市場が再開すると、上海株は午前中、続伸した。上海総合指数の午前の終値は前営業日（9月30日）比で4・8％も伸び、株価は3490ポイント台に乗った。

ところが、午後からは伸び悩みの相場となった。最終的には3489ポイントで取引を終え、1日の伸び率は4・59％にとどまり、9月30日の8％から大幅に落ちた。

こうなった直接の原因があった。それはこの日に開催された待望の国家発展改革委員会記者会見の内容だった。記者会見には委員会主任と副主任の4人が出席したが、責任者たちは空疎《くうそ》なスローガンを口にするのみで、期待された追加刺激策の発表は皆無であった。

逆に、9月下旬から実施した刺激策は「今回の対策のすべてだ」と示唆する場面が見られた。これは中国人投資家全体に向かい、とどめを刺すようなものだった。さらに先に示した一部の専門家が喧伝した「10兆元刺激策」云々が彼らの能天気な妄想であったことも判明した。

当該記者会見が始まったのは10月8日の午前10時で、昼休みの直前には終了した。前述のように、その日の午後から上海株式相場は伸び悩みの状況となった。午後からはプロの投資家や機関投資家が記者会見の結果を受けて敏感に反応し、相場は売りに転じていた。

他方、記者会見の意味がよく理解できていない一般の小口投資家は、国慶節連休以前からの期待感をそのまま引きずり、続々と市場に参入してきた。したがって、8日の上海株式市場の伸び率は鈍ったとはいえ、依然として伸び続けた。

あまりにも早かった急騰から急落への変化

悲劇は翌10月9日に起きた。

その日、上海総合指数は一気に6・61%も反落し、3258ポイントの終値で取引を終了した。10日には多少回復し、1・32%の伸びであった。だが、11日には再び下落に転じて2・54%の下げとなり、3017ポイントの終値でこの週の取引を終えた。

このように上海株は9月30日に16年ぶりの急騰を記録して以降、国慶節明けの9日、10日、11日の3営業日においては下落方向へと転じたわけである。「上海株が上昇相場へ」の幻想は一気に崩れた。

こうなったことの最大の原因は、経済全体が依然として**大恐慌の〝最中〟にある**ことに他ならない。このような状況下では、実体経済の裏付けのない「刺激策＝カンフル剤」の注射によって株市場が一時的に元気になることがあっても、それは長続きしない。いずれは下落して元どおりになる。

それにしても、今回の上海株の急騰から急落への速度があれほど早かったのは、筆者にも予想外であった。その原因は前述したように、8日に開催された国家発展改革委員会の記者会見があまりにもいい加減で、まったくの期待外れとなったことに収斂《しゅうれん》する。

訝《いぶか》しいのは、習主席の主導下で株価上昇に向けて躍起《やっき》になっていたなか、なぜ国家発展改革委員会は株式相場を潰そうとするような記者会見を行なったのかであろう。

ここで想起すべきは、筆者がたびたび論じてきた政権内の確執《かくしつ》である。株刺激策を含めた今回の経済救済策については、習主席の主導下で強引に進められたものである。これを再確認しておきたい。本来は経済主管である李強首相の考え方は真逆に異なることから、この一連の方策の推進にきわめて〝消極的〟であった。

彼は習近平が打ち出した即効性を求めるカンフル剤注射的な措置でなく、徐々に体力強化に努める漢方医学的な方策（固本培元論《こもとばいげんろん》）を持論としていた。

実際、今回の一連の救済策は国務院や李首相ではなく、中央銀行の人民銀行総裁が昨年

9月24日の記者会見で打ち出したものであった。李首相は9月29日になってから初めて国務院会議を開き、中央銀行の出した方策を追認した。この経緯から見ても、やはり李首相は最初から乗り気がなかったのがわかる。

人民銀行（習近平）VS国務院（李強）という争いの縮図

そうなると、ここで一つの推測が成り立つのである。

昨年10月8日に国家発展改革委員会の主要幹部たちが株式市場に冷水を浴びせた、例の記者会見を開いたのは上司である李首相の意向を受けたものではなかったのか。あるいは李首相が反対しているから、彼らはその記者会見で待望の大型追加刺激策を打ち出せなかったのではないか。

その背後に李首相がいなければ、国家発展改革委員会の幹部たちは習主席の怒りを買う〝リスク〟まで背負って、注目の記者会見で一切の追加刺激策を打ち出さないようないい加減なことはしない。

そうすると、現在、習主席と確執中の李首相こそ、株式市場のいわゆる**「習近平株式相**

場」を潰した黒幕である可能性が出てくる。

けれども実は、国家発展改革委員会が前述の記者会見を開いた当日の10月8日、李首相も国務院会議を開き、意味深長な発言を行なっていた。

その日、李首相は国務院関連会議で、経済政策の制定と実施に関して次のように語った。

「諸々の経済政策は一貫性と全体的協調性を保つべきであり、各部門は政策の制定と実施に関しては全体の大局に従わなければならない」

中国共産党政権の政治文化においては、李首相の上述の発言は明らかに経済管轄の各部門が独自の政策を勝手に打ち出すことを制するものだ。自分が国務院総理として考えている〝大局〟に各部門を従わせようとするものであった。

簡単に言えば、李首相は人民銀行や発展改革委員会の幹部たちに対して、「お前らが国務院の全体方針に従え、経済刺激策を勝手に出すな」と釘を刺したのである。

彼はここで明らかに、国務院所属の各部門が自分の頭越しで習主席主導の経済刺激策を乱発することに反発し、それをくい止めようとした。いわば「習主席VS李首相」の対立と確執は、官僚たちを巻き込む形で展開されているわけである。

筆者には以下の構図が見えてきた。

人民銀行（中央銀行）が習主席の意向を受けて大々的な株刺激策などを打ち出して猪突《ちょとつ》猛進《もうしん》しているのに対し、発展改革委員会はむしろ李首相・国務院の方針に従って刺激策を打ち出すことに消極的になっている。

そして結果的には発展改革委員会の消極的姿勢は10月8日以降の株価急落を招き、刺激策によってせっかく盛り上がったばかりの「習近平株式相場」を潰してしまったのである。

李首相の抵抗により、**習近平主導の起死回生の経済刺激策はまたもや失敗に終わる**可能性は大である。

佳境に入ってきた「習近平vs李強」の確執

畑違いの経済分野に足を踏み込んだ公安警察トップ

昨年10月16日、中国の新華社通信が以下のニュースを伝えた。

「15日、16日の両日、中国公安部長の王小洪《おうしょうこう》は、共産党中央書記処書記、国務委員の肩書で直轄市の天津市を訪問した。

王公安部長は抜き打ちで視察した企業で、当面の経済情勢と経済工作に関する習近平主席の重要講話精神の学習・貫徹を呼びかけた。同時に内需の拡大、経済構造の向上、全国統一大市場の構築などについて語り、それらの重要性を強調した」

筆者は苦笑を禁じ得なかった。確かに王公安部長は国務委員の一人ではあるが、本職は公安部長で、全国の公安警察の総責任者だ。国務院における彼の役割分担は、あくまでも公安や治安維持であろう。

したがって彼の立場と仕事は本来、経済とは何の関係もない。公安責任者が地方で企業を視察して「内需の拡大、経済構造の向上」を語るのは、まさに前代未聞の大珍事、荒唐《こうとう》無稽《むけい》でさえある。

王小洪の経歴はこうだ。1984年から2013年までずっと福建省で公安警察の仕事に従事していた。習近平主席が1990年から96年まで福州市党委員会書記を務めたとき、王は福州市公安副局長・局長を歴任し、習近平の身辺警備を担当して以来、側近の一人となった。

そして2012年秋の習近平政権成立後、王は河南省公安庁長に昇進し、2015年には北京公安局長に転任、16年からは公安部副部長、2022年には全国の公安警察のトップである公安部長に昇進した。

他方、王小洪は最側近の政治局常務委員の蔡奇《さいき》と並び、習近平の福建省勤務時代からの〝譜代側近〟として、いまや政権一番の中枢を担う、いわゆる〝福建組〟の核心人物の一人でもある。

このような背景から、公安警察トップの王小洪が突如天津市に現れ、畑違いの経済視察を行なったことの理由がある程度はわかってくる。

要は、本来は習主席の側近であるはずの李首相が経済運営をめぐり習主席とことごとく対立している。そのなかで、国務委員でもある公安トップの王小洪を経済運営に関与させることにより、李首相の仕事を邪魔させた。つまり習主席は李首相を制する切り札として徹底的に活用する魂胆であろう。

そして、こうした事象は習主席と李首相との信頼関係が完全に崩壊したことを意味する。一方、習主席は蔡奇や王小洪など数名の福建時代からの〝譜代側近〟以外、もう誰も信頼できなくなっていることを意味する。

信頼できる人間が数名しかいないから、習主席はやむを得ず、公安一筋の王小洪にむりやりに経済を語らせ、経済運営にまで関与させようとしている。

これほど荒唐無稽な動向は、習政権が完全に行き詰まって〝末期症状〟を呈しているのをさらけ出しているともいえた。

公安警察トップが経済運営に口出しするようでは、中国経済自体は地獄入りする以外にないのであろう。

ベトナムから国賓待遇を与えられた李強首相

渦中の人物である李強首相のほうにも、興味深い動きがあった。

2024年10月12日と13日の両日、ラオスでの国際会議参加を終えた彼はその足でハノイへ向かい、2日間の日程でベトナム公式訪問を行なった。訪問先での首脳会談の中身には特に注目すべきところはなかった。

意外だったのは、ベトナム側の李首相に対する異例な〝厚遇〟ぶりであった。

12日の夕刻、李首相がハノイ空港に到着したとき、ベトナムの副首相兼外相が飛行機のタラップ下で出迎えた。そしてその晩、李首相はベトナム共産党中央本部へ赴き、ベトナム共産党総書記・国家主席のトー・ラム（当時）と会談した。

ベトナムでは総書記・国家主席は国家元首の立場であることから、本来ならば李強首相のカウンターパートナーではない。会談があるとしても、李首相の表敬訪問を受ける形での儀礼的な会談で済ませても問題はなかった。

しかしトー・ラム主席は高官たちを率いて、李首相をトップとする中国側と長方形のテーブルをはさむ形で正式会談を行なった。それは対等な立場にある首脳同士の会談の様式であった。

翌13日、今度は李首相歓迎式典を行なった後にベトナム首相との首脳会談。午後には、ベトナムの国会主席（議長）との会談が組まれた。

このように李首相訪越の2日間において、ベトナム側は党・国家・政府・国会のトップが総出の形で会談を設けた。これは通常、習近平主席やトランプ大統領などの外国元首クラスに対する首脳外交のもてなし方であった。だが、ベトナム政府は中国の首相の李強に事実上の国賓《こくひん》待遇を与えた。

習主席と李首相との確執がすでに表面化しているなか、ベトナム側はどうして李首相を特別扱いしたのか？　習主席の不興を買うかもしれない覚悟の上なのか？

可能性の一つは、同じ共産党一党独裁国家として共産党流の権力闘争を知悉《ちしつ》するベトナムは、最近の動向から李首相の台頭は不可避と読んだ。それが将来を有望視されている李首相に恩を売っておく判断となったのではないか。

つまり異例な厚遇の背後には、中国中枢部の権力闘争の行方に対するベトナム側の読みと国益からの打算があると思われた。

その一方、ベトナム側のこの挙動は、「習近平VS李強」の確執に火を注ぐことにもなりかねない。猜疑心《さいぎしん》が強く了見の狭い習主席は、子分の李首相がベトナムで自分と同様な待遇を受けたことに対し、不快ないし嫉妬《しっと》を感じてしまう可能性が十分にある。

また、李首相の評価が国際的に高まることに対し、独裁者の習主席はそれが自分の地位に対する潜在的脅威だと考えて警戒心を強めることもあるだろう。

ベトナムが余計なことをしてくれたことで、習主席と李首相との確執がむしろ深まる方向へと向かい、いよいよ戦況は〝佳境〟に入っていく様相である。

習近平の絶対的地位を示す言葉が消えていく不思議

もっとも早く排除されたのは「二つの確立」

2024年10月28日、中国共産党中央政治局は習近平総書記主宰の会議を開催し、「第

3回中央巡回視察に関する総合報告」を審議した。
中央巡回視察とは、党中央から定期的に派遣される要員が各地方で巡回視察を行なう制度のことだ。毎回視察終了後、当該要員が作成した視察レポートを党中央に提出し、中央政治局がそれを審議する決まりとなっている。

翌日の人民日報に掲載された会議の公式発表を読むと、そこに〝異変〟が生じていることに筆者は気付いた。

それは何か？　これまで政治局会議はじめ党による正式会議で必ず登場する「習近平思想」という言葉が、今回の会議発表から抜けていることだった。

猛烈な違和感を抱いた筆者は、政治局会議による今回の第3回目の公式発表と第1回目、第2回目の公式発表と詳しく読み比べてみようと思い立った。

一昨年9月27日に開かれた第1回巡回視察報告に関する政治局会議の公式発表には、次のような文言があった。

「新時代中国特色社会主義に関する習近平思想を巡回視察工作と結合し、〝二つの確立〟の決定的な意義を深く理解し、断固として『二つの維護（守って支えること）』を実行しなければならない」

ここで政治局会議が「習近平思想」のみならず、「二つの確立」と「二つの維護」にも言及したことに注目したい。「二つの確立」の一つとは「習近平総書記の指導的地位の確立」であって、「二つの維護」の一つはやはり、「習近平総書記の指導的地位を守って支えること」である。

2022年10月に開催された党大会で習近平個人独裁体制が完全に確立されて以来、「習近平思想」「二つの確立」「二つの維護」の三点セットは、同氏の絶対的地位を示す標準的な表現となって党と政府のあらゆる公式文書に登場していた。前述の政治局会議の公式発表は、まさにこの標準に従ういわゆる御決まりの表現であった。

そして24年3月29日に開催された「第2回中央巡回視察総合報告」を審議した中央政治局会議の公式発表を読むと、「習近平思想」と「二つの維護」に関する言及は依然として〝健在〟ではあったものの、どういうわけか「二つの確立」の言葉が見当たらない。

さらに冒頭で取り上げた昨年10月28日開催の第3回中央政治局会議の公式発表からは、「習近平思想」という肝心要《かんじんかなめ》の言葉が抜け落ちたと同時に、「二つの確立」と「二つの維護」の両方ともが姿を消していたのである。

異変に気付いたベトナム政府の機敏な対応

それは重大なる意味を持つ異変に他ならない。

習近平個人独裁体制に大きな綻《ほころ》びが出ていることを満天下にさらしているのだから。実際、この公式発表においては、個人独裁の〝否定〟を意味する「民主的集中制」という言葉が顔を出していたのだ。

昨年8月中旬、筆者は恒例の北戴河《ほくたいが》会議の後、習近平の独裁的地位に微妙な変化が生じていたことをリポートした（『拙著『中国大恐慌の闇』参照）。それがより顕著になっているのだ。

その一方、昨年から露骨な〝習近平離れ〟を始めた李強首相の動向を見ていると、彼が主宰する国務院会議は、習主席に関する前述の三点セットに一切触れようとしない。いや、それが常態となってしまっている。

李首相が昨年10月12日、13日にベトナムを訪問した際、ベトナム側からは党総書記・国家主席、国会議長、首相がそろって会談に臨んだ。行政の長にすぎない李首相に国賓待遇を与えたことは前述のとおりだ。

やはり、同じ共産党独裁国家のベトナムは、すでに中国政治の中枢に起きている大きな変化を〝察知〟しているのではないかとの推測も成り立つ。

今後の継続的観察が必要となってくるが、習近平個人独裁体制がすでに揺らぎ始めていることはほぼ確実である。

バカ殿はなぜ中華民族の偉大なる復興を引っ込めたのか？

13年ぶりの異常事態

昨年12月31日、習近平国家主席はＣＣＴＶを通じて毎年恒例の「新年演説」を行ない、その全文が元旦の人民日報一面を飾った。それを丹念に読んでいくと、一つ、大変重要な変化が起きたことに気付いた。

なんと習主席の一枚看板の政策理念である**「中華民族の偉大なる復興」**という文言が本年の新年演説から消えているのである。

周知のとおり「中華民族の偉大なる復興」は2012年11月29日、習氏が共産党総書記に就任した直後に持ち出した表現である。以来、同文言は習近平主席と習近平政権の一枚看板の政策理念となっていた。

2017年10月に開かれた共産党全国代表大会において党規約が改定された際、「民族の復興」は新しい規約に〝明記〟されることになった。さらに、2018年3月に開かれた全人代で「民族の復興」は改正後の新しい憲法にも記載された。

こうした経緯のなか、習主席が携わってきたあらゆる重要講話や演説では必ず「民族の復興」に触れることになっていた。特に新しい一年の抱負を語る毎年の新年演説で「民族の復興」に言及するのは長年の慣例となってきた。

例えば2021年の新年挨拶では「われわれは必ずや中華民族の偉大なる復興を実現させる」と語った。

2022年の演説では「われわれはいま、胸を張って中華民族の偉大なる復興の道を闊《かっ》歩《ぽ》している」と豪語した。

２０２３年の演説では「われわれは中国式現代化の実現をもって中華民族の偉大なる復興を推進している」と述べた。

そして２０２４年演説においては、台湾に向けて「両岸同胞は中華民族復興の栄光をともにつかもう」と呼びかけた。

こうしてみると、本年２０２５年の「新年演説」は、「中華民族の偉大なる復興」に一度も触れなかった上に、「民族」という言葉さえ口にしなかったのは尋常《じんじょう》ではない。

これは13年ぶりの異常事態だと、筆者は推察した次第である。

むろん、国家主席の新年演説であるから、重要なキーワードが漏れ落ちたようなことは１００％あり得ない。習主席自らの意思でそれに言及しなかったのか、何かの圧力でそれを引っ込めることを余儀なくされたのかのどちらかだろう。

仮に後者であった場合、その意味するところは、習主席はここにきて自らの一枚看板の政策理念をやむを得ず引き下げた。つまり「看板おろし」を強いられた。この推論はあながち間違いではなかろう。

その際、習主席自身が何らかの理由があって「民族の復興」への言及を避けたのであれば、それは本年1月20日からのトランプ大統領の再登板に備えてではないか。米国を刺激しかねない「民族の復興」への野望を一時的に覆《おお》い隠したかったのだ。

しかしながら、習主席が単に内部からの圧力で屈辱と敗退の看板おろしを強いられたのであれば、それは当然ながら、軍と党の内部からの反発で権威失墜がさらに進んでいることを意味する。

いずれにしても、習主席は今年の新年演説で「民族の偉大なる復興」に言及しなくなったのは大変注目すべき中国政治の新動向であって、今後も引き続き要注意のポイントの一つである。

昨年から様変わりしてきた習近平に対する党内評価

実は、本年の習主席新年演説にもう一つ、留意しておくべきポイントがあった。昨年までの新年演説の撮影場所は、主席の書斎と決まっていた。

演説を行なう主席の背後の棚には、彼個人の写真や他の指導者や家族との写真が数多く並ぶ。つまり昨年までの新年演説の場所は、習近平主席の個人色をきわだたせる個人商店のショールームのイメージであった。

ところが本年の新年演説となった場所は彼の書斎ではなく、飾りの個人写真も完全に消えた。つまり習主席の個人色が極力弱められた感があった。前述の講演の内容の変化と併せて考えると、習主席の権威失墜ぶりをかいま見たような気がするのは、筆者の意識過剰のなせる業であろうか。


そして習主席の個人独裁の終焉が近づいてきていることを示す、もう一つの動向が昨年末にあったことを報告しておこう。

昨年12月30日、『習近平文化思想学習綱要』出版座談会と銘打《めいう》った会議が北京で開かれた。共産党中央政治局員・中央宣伝部

前年と打って変わった背景に注目！

部長の李書磊《りしょらい》氏が出席し講話を行なったが、これに関する翌日の人民日報公式発表に一つ、刮目《かつもく》すべき変化があった。

これまでの慣例として、『習近平外交思想学習綱要』などの「習近平思想学習綱要」が出版されるたびに、共産党中央が必ずそれを記念する座談会を開催していた。

そこに政治局委員レベルの高官が出席し講話を行ない、当該高官の講話は習主席のことを高く持ち上げて過度な賛辞を捧げ、まさに**「習近平崇拝一色」**であった。

例えば2021年9月6日、『習近平外交思想学習綱要』出版座談会が北京で開かれ、政治局委員・外相の王毅《おうき》が出席して講話を行なった。王外相は冒頭から、「習近平総書記はマルクス主義政治家・思想家・戦略家の非凡なる理論的勇気と卓越な政治的知恵を持ち、わが国の外交のために開拓的な意義のある新理論・新思想・新戦略を生み出し、習近平外交思想を形成させた」と最大級の礼賛（おべんちゃら）を行なった。

2022年7月11日に北京で開かれた『習近平経済思想学習綱要』出版座談会には、当時の中央委員会委員・国家発展改革委員会主任の何立峰《かりつほう》が出席して講話を行なった。そのなかで彼は、「習近平総書記はマルクス主義政治家・思想家・戦略家の深い洞察力・鋭い判断力・理論的創造力をもって、経済発展のための新理念・新思想・新戦略を生み出し、習近平経済思想を形成させた」と、前述の王毅とほぼ同じような表現で習主席個人に最大限の賛辞を捧げた。

ところが前述の『習近平文化思想学習綱要』出版座談会の場合、翌日の人民日報公式発表では、座談会に出席した李政治局委員の講話の内容に一切触れられず、「習近平総書記はマルクス主義政治家・思想家・戦略家の非凡なる理論的勇気と卓越な政治的知恵」のような賛美は一度も出てこなかった。

その代わりに、人民日報は次のような発表を行なった。

「会議参加者はこう認識する。習近平文化思想はわが党が〝二つの結合〟を堅持し、理論的創新を推進したことの重要なる成果である」

ここには一つ、前述の王外相や何主任の言説とは根本的な違いがあった。

つまり王外相や何主任が「習近平外交思想」や「習近平経済思想」に言及した際、まずは習主席のことを「理論家・思想家・戦略家」だと高く持ち上げる。その上で、それぞれの思想は、まさに「習近平総書記が生み出して形成させた思想」であることを明言し、習近平という個人こそが「習近平思想」の生みの親であると強調してきた。

しかしながら、昨年末の座談会の発表内容では、習近平個人に対する礼賛が姿を消したのみならず、「習近平思想」に言及する際、「それはわが党が理論的創新を推進したことの成果だ」と断言していたのだ。

つまり習近平文化思想は決して習近平個人がつくり出したものではなく、「わが党」の理論的創新の成果であることを強調した。習近平という個人を「わが党」のなかに〝埋没〟させようとしたわけだ。

これは明らかに個人崇拝の〝放棄〟であると同時に、習近平の「教祖様」としての地位への否定に他ならない。

どう考えてみても、いま共産党指導体制のなかで、「習近平の権威失墜」と「習近平個人独裁の終焉」は確実に進んでいる模様である。

反習近平勢力に胡春華復活の動きか！

首相候補からヒラの中央委員まで屈辱の降格

２０２４年10月９日から13日、全国政治協商会議副主席の胡春華《こしゅんか》は視察団を率いて内モンゴル自治区を視察した。視察のテーマは「農村建設」とされた。ところが、内モンゴル日報が報じたところによると、視察の期間中、内モンゴル共産党委員会書記、内モンゴル自治区政府主席、自治区政治協商会議主席がそろって胡副主席に謁見《えっけん》したという。

胡春華はもともと胡錦濤《こきんとう》前国家主席が率いる「共青団派」の次世代ホープであった。２０２２年の党大会まで５年間、政治局員・副首相を務めた。同党大会で政治局常務委員に昇進した。そのため李克強《りこっきょう》前首相（同じ共青団派）の後釜《あとがま》に座り、首相になるのではないかと見込まれていた。

しかし結果的には22年10月開催の党大会で、習近平主席が展開する「共青団派追放作戦」

において一敗地にまみれた。

彼は政治局員からヒラの中央委員に降格され、政治協商会議副主席の閑職《かんしょく》に追いやられた。しかも上から2番目の副主席で、政治局委員である筆頭副主席の下に置かれた。

これで胡春華の政治生命は完全に絶たれたと思われた。だが前述のとおり、彼が視察団を率いて地方へ行ったことで、国内外で久々に注目を集めた。

特に注目されたのは、内モンゴル自治区の共産党書記と自治区主席がそろって胡春華に謁見したことであった。胡はすでに政治局から追い出されて中央指導部の一員ではなくなっている。だから本来なら地方視察を行なう場合、省や自治区の党・政府のトップが彼に会いに行くことはない。自治区の政治協商会議のトップが胡氏の視察に随行すれば十分なはずなのだ。

しかも胡は習主席により降格の憂《う》き目を見た人物だ。本来なら、地方の幹部たちは意図的に会うのを避けなければならない。しかしそれでも自治区の党・政府トップがそろって胡に会ったのは、当然ながら上からの意向を受けてのことであると理解すべきであろう。

その際、それを指示したのは習主席本人である可能性はなきにしもあらず。もしそうであれば、子分の李強首相までが離反するなか、習主席は再び有能な人材として胡春華を再起用する可能性も出てくるであろう。

そしてもし習主席の意向ではなく、中央にいる別人の指示を受けて内モンゴルのトップが胡を厚遇したのであれば、その伏線は何なのか？

それは中央上層部の反習近平勢力が、胡春華を復活させて指導部に送り込むことを企んでいることを意味する。

いずれにしても今後においては胡春華の動向には要注意である。それが今後の中国政治の方向性を見ていく上での標識の一つにもなるのである。

第2章

人民解放軍による静かなる政変

中国の実権　軍は張又侠、政府は李強首相へ

存在感を示した制服組トップ張又侠

２０２４年10月あたりを起点に中国軍上層部の動きを時間系列に追っていくと、大きな異変が静かに起きていることに気付かされる。

解放軍に対する習近平主席の指揮権が実質上〝解除〟されていた。それに取って代わり、共産党中央軍事委員会筆頭副主席で「制服組トップ」の張又侠《ちょうゆうきょう》がすでに軍の掌握に成功した模様である。

10月14日、15日、解放軍の「全軍軍事理論工作会議」が北京で開かれた。習主席はその間、福建省などの地方視察中で会議に出席しなかった。同会議を主宰し講話を行なったのは張又侠であった。

会議は一応、「軍事理論の構築」に関する習主席の重要指示を受けて開催されたもので

あった。とはいえ、解放軍各軍種と5大戦区のトップたちがそろって参加する重要会議に習主席が欠席するのは、やはり異様なことであった。

特に軍事理論に関する全軍会議であったことから、軍の方向性を示す立場の習主席こそが本来、自ら参加して仕切るべきであろう。

しかしながら全軍会議の事実上の中心人物となったのは、制服組トップの張又侠であった。習主席はその間、緊急性があるとは思えない地方視察に出かけた。その理由に関して、習主席は自分が軍会議に呼ばれなかったことを覆い隠すために地方に出かけたのではないかとの観測も成り立つ。

10月15日、次に張又侠は北京において来訪中のロシアのベロウソフ国防大臣と会談した。14日、董軍《とうぐん》国防大臣がそのカウンターパートナーのロシア大臣と会談したが、翌日に張又侠はここでは中国軍の代表としてベロウソフ国防大臣との会談に臨み、存在感を示した。

実は2018年10月、当時のロシア国防大臣が北京を訪問したとき、習主席自ら彼との会談に臨んだが、今回は習主席が北京不在のなかで、張又侠は主席の代行でなく、軍のトップとしてこの重要会談を行なった。このことで、自分こそが中国軍を実際に仕切っているのを暗に示したかったのではないか。筆者はそう推論しえた。

張の軍掌握を認めたベトナム政府

そして10月20日から習主席のロシア訪問中において、張又俠はまたもや軍のトップとしての単独行動に出た。20日から22日までの3日間、中国軍の重要拠点の一つである河北省張家口《ちょうかこう》市の軍基地で「全軍合同訓練現場会議」に出席した。さまざまな軍事訓練を視察した後、それを総括する講話も行なった。

この全軍訓練会議も一応、「習主席の許可」を得て催されたと説明されたが、各軍種・各戦区のトップたちがそろって参加したこの現場会議が習主席外遊中の〝タイミング〟を狙って開催されたことは尋常とは言いがたい。張としては、これを好機に自らの軍掌握を〝誇示〟しようとしたのではないか。

それに続き10月24日からの3日間、張又俠は軍事委員会副主席の肩書きでベトナムを訪問した。その訪問中、ベトナム共産党総書記、国家主席、首相、国防大臣がそれぞれ彼との会談に臨んだ。

中国共産党指導部においては、張又俠は24名からなる政治局委員の一人にすぎず、最高指導部の政治局常務委員にすらなっていない。このようなベトナム側の厚遇ぶりは、まさに異例中の異例であってまるで国賓待遇であった。一軍人にすぎないのに実質上、中国最高指導者の一人として迎えた。同じ共産党独裁国家のベトナムはやはり彼による〝軍掌握〟を事実として把握し、それを認めていたと思われる。

以上は、昨年10月に入ってからの、軍活動と軍外交における張又俠の〝突出〟ぶりである。それとは対照的に、もう一人の軍事委員会副主席である何衛東《かえいとう》は10月に入ってからまったく公の場に出てこなかった。これはこれで異常事態であった。

姿を消したもう一人の軍事委員会副主席何衛東

何衛東が最後に公の活動に出たのは9月13日。北京で開催された安全保障関係の国際フォーラムに参加し、外国の防衛関係者と会談したときだった。

しかし、それ以降は彼の動静は一切伝わってこなかった。特に、前述の2度にわたる張主宰の全軍会議には、同じ軍事委員会副主席の彼が参加していないのはもはや完全なる異常事態であった。普通ならばそれは、失脚さえ意味するものであるからだ。

何衛東という人物は、習近平独裁体制が完全確立した2022年10月の党大会で習主席により政治局員・軍事委員会副主席に大抜擢された軍人であり、軍における〝習主席側近〟の一人だ。

しかし、何衛東が張又俠により軍指導部の重要会議から排除されたのであれば、すでに張は軍における習主席の指揮権を排除して軍の掌握に成功したことを示している。

張又俠は人民解放軍の古参将軍を父親に持ち、1979年の対ベトナム国境戦争に参戦したという実戦体験豊富なの実力派軍人だ。習近平政権以前は大軍区として知られる瀋陽軍区の司令官にまで上り詰めた。

習近平政権になってから5年間にわたり解放軍総装備部部長・中央軍事委員会装備発展部部長を務めた。習政権の2期目には政治局員・軍事委員会副主席に昇進した。

こうしてみると、張又俠は本来、習主席と同様に共産党高官を父親に持つ太子党として緊密な関係にあった。習主席の軍掌握の要でもあり続けたが、二人の関係に〝亀裂〟が生じてきたきっかけは、一昨年から始まった習主席主導の腐敗摘発としての軍粛清であると考えられる。

粛清された大物軍人の一人である前国防大臣の李尚福《りしょうふく》は、まさに彼の後任として軍事委員会装備発展部長を5年間務めた人間であった。

李尚福の装備発展部長昇進はやはり彼の推薦によるものであると知られており、李は張又俠人脈の軍人であることは明らかである。

したがって習主席による李尚福粛清は彼にとっても大打撃であるだけでなく、装備発展部長として腐敗問題に対する追及は、いずれその前任者である自分の身に及んでくる可能性もある。

昨年の北戴河会議で起きた長老たち中心の反習近平政変

この一件から張又俠は徐々に反習近平へ傾いてきた。その痕跡の一つとして挙げられるのは、解放軍機関紙が事実上の「習近平批判」を展開した珍事にあった。

2024年7月27日付の解放軍機関紙「解放軍報」は、「いま個別なところでは党内政治生活が正常さを失い、個人は党組織の上に凌駕《りょうが》し、家長制的なやり方で、鶴の一声で物事を決めるようなことが起きている」と、独裁者の習近平主席を暗に批判する論説を掲載した。

続いて8月10日付の解放軍報はまたも、「民主的な意思決定はすなわち党組織の集団的意思決定であって、個人的な独断による意思決定があってはならない」とする論評を掲載し、露骨に習近平独裁を批判した。

そして8月の北戴河会議で長老たち中心の「反習近平政変」が起きた。そこで実力軍人の張又俠は二つの勢力からの支持を取り付けた。長老たちの支持と、習主席の軍粛清拡大を恐れる軍幹部の支持である。彼らに委ねられた張又俠は軍に対する習主席の実質上の指導権を排除した上で、軍の掌握に成功したのではないか。

ただし習近平は依然として共産党総書記・軍事委員会主席の地位にある。張又俠に掌握された解放軍は今後においても、少なくとも形式的には習主席の指導下にある体裁をとるはずだ。習主席をいわば〝飾り物〟に祭り上げておきながら、軍独自の路線を自主的に走ることとなろう。

他方、習主席のもう一人の側近であった李強首相も、習から離反して独自路線を走り始めているから、3期目の習近平政権は早くも〝空中分解〟の局面を迎えている様相である。権力闘争の激化が双方の共倒れで、政権そのものの崩壊をもたらす危険性もある。おそらく2027年秋の党大会開催までは、共産党指導部は習近平を名目上の最高指導者として担ぎながら、「軍は張又俠、政府は李強首相」という形で政権運営を行なっていくことになろう。3期目の満了にともなう習近平政権の終焉は、そこまで現実味を帯びてきているのである。

軍の正式文書から削除された習近平の名前

終焉した鶴の一声政治

2024年10月30日、中国共産党中央軍事委員会弁公庁は「強軍文化繁栄発展のための実施綱領」という軍の正式文書を公布した。その概要が翌31日の解放軍報一面トップに掲載された。

解放軍機関紙一面トップに掲載されることから、軍事委員会の重要文書であるに違いない。が、その内容を丹念に読んでいくと、現在、解放軍内において大変重大な異変が起きているることがわかる。

五つの段落からなる実施綱領には「習近平思想」はもとより、「習近平」という名前が全文を通して一切出てこない。いったいこれはどういうことなのか。

かねてより習近平独裁の下、党・政府あるいは軍の公式文書に習近平の名前、もしくは「習近平思想」が一度以上に出てくるのは、いわば鉄則であった。ところが今回は中央軍事委員会弁公庁文書において、習近平が完全に無視されているのだ。

「強軍文化の繁栄発展」をテーマとする実施綱領の概要において、「強軍思想」という言葉も出ているが、実はこの強軍思想を打ち出したのは習主席自身であった。

強軍思想とは、軍の建設に関する習主席の一枚看板の思想理念に他ならない。だからこそ、これまで強軍思想は必ず習近平を〝冠〟にして「習近平強軍思想」が定番用語となっていた。

だが、今回の中央軍事委員会公式文書は「習近平強軍思想」の「習近平」という冠を外して「強軍思想」としてある。これは筆者には、いかにもわざとらしい意趣返しにしか思えない。まるで習近平に対する〝斬首〟を実行したかのようだ。

今回の公式文書は習近平を排除した上で、その代わりに「党の指導」を全面的に打ち出している。「党の創新理論」「党の理論の指導下」「党の指揮に従う」と「党」という主語を連発している。それは明らかに解放軍としては、党の指導に従うが習近平の個人独裁にはもう用がない。この断固たる意思を示しているものだと理解できる。

そしてこのような軍の意思表明は、前述した昨年7月27日、8月10日掲載の「解放軍報論評」の延長線上にあることがわかる。

つまり例の北戴河会議以前から、解放軍はすでに習近平独裁排除の世論的準備を進め、この上で〝**静かなる政変**〟を行なった。そして制服組トップの張又俠氏が軍掌握に成功したところで、軍は思い切って公式文書という形での習近平排除に踏み切ったわけである。

軍権奪還に動いた習近平

毛沢東を真似て湖北省を視察した習近平

筆者は中国の解放軍が10月30日に公表の重要文書において露骨な「習近平排除」を実施したことを伝えていた。それから1週間も経たずに、習近平主席は軍への逆襲を始めた模様である。

11月4日、湖北省で視察中の習主席は、湖北某所に駐屯の解放軍落下傘部隊基地を訪れた。習主席は地方視察中に解放軍部隊を視察することは往々にあるが、今回の場合は事情が異なる。

先に記したように制服組トップの張又俠・中央軍事委員会副主席が習主席を実質上軍から排除、解放軍の掌握に成功したとされている。そんななかでの習主席の軍視察だからだ。

10月15日から2日間、習主席は福建省を視察したが、その直前の14日に解放軍は福建省を最前線にして台湾を囲んで軍事演習を行なった。にもかかわらず、習主席が福建省視察中に軍の視察も軍との接触も一切なかった。これと比べると、11月4日の解放軍視察はわざとらしくて、何かの特別な政治的意図があるのではないか。

そこで注目されるのは、習主席の落下傘部隊視察に同伴したのが、中央軍事委員会副主席で解放軍制服組ナンバー2の何衛東であったことだ。彼は9月13日に北京で開催された安全保障関係の国際フォーラムに参加して以来、公の場から姿を消してからの動静は一切伝わっていない。

特に10月に軍事委員会副主席の張又俠が主宰した2度の軍の重要会議に、同じ副主席の何衛東が連続して欠席したことは異常事態であった。つまり張又俠が「静かなる政変」を起こして軍からの習主席排除に成功したことで、主席側近の何衛東も同時に排除されたのではないかとの観測も成り立つからだ。

ところが約50日間にわたって姿を消していた何衛東が突如現れて、習主席の落下傘部隊視察に同伴した。そのことは何を意味するのか？　習主席が側近の何衛東とともに、張又俠たちに仕掛けられた「静かな政変」に対し、「上からの政変」を起こした。解放軍の掌握権を奪い返すための奇襲ではなかったか。そう見ることができる。

そうだとすれば、習主席の「上からの政変」が地方の解放軍部隊への視察から始まったことも興味深い。つまり軍中央が張又俠たちにより掌握されるなか、習主席側は地方にその突破口を求め、中央への逆襲に打って出たのだ。

筆者の脳裏にまざまざと甦《よみがえ》ってきたものがあった。

文化大革命前夜、毛沢東が劉少奇一派により中央での発言力を排除されたとき、地方視察を行なって中央への反撃を開始した。そして奇《く》しくも当時の毛沢東は、湖北省視察の直後に北京へ戻って劉少奇一派打倒の文化大革命を発動した。

第二の毛沢東を目指す習近平は、湖北省視察から軍の掌握権の奪還に動き出した模様である。それが成功するかどうかは、まさにこれからの見どころである。

除夕の法定休日復活を決めた李強首相の胸算用

習主席と解放軍との亀裂が深まるなかで、いまや政府の長として習主席と完全に対立関係にある李強首相の動向が注目されている。彼は最近になって再び、習近平〝排除〟とも思われる小さな政治行動に出た。

２０２４年11月12日配信の新華社通信報道によると、「李首相は近日、全国の祭日および記念日休暇に関する条例を改定する国務院の決定に署名、それを実施に移す」とあった。さらに「２０２５年から全国の法定休日が２日分増える」と続けた。加えて今回の決定で大変注目されたのは、「除夕《じょせき》」という伝統祭日を法定休日に再び定めたことであった。

除夕とは、旧正月の元旦の前日のことで日本の大晦日《おおみそか》にあたる。中国人にとっては一家団欒《だんらん》の大切な日である。除夕の夜、家族が集まって「年夜飯」という宴会の食卓を囲むのは遠い昔からの習俗である。

したがって遠い昔から、除夕の日に（あるいはその前日から）一切の仕事をやめて休むのは当たり前のことで、不動の習慣であった。そして２００８年１月から、除夕は国務院令をもって法定休日にも定められた。

しかしながら２０１４年１月から除夕はどういうわけか、同じ国務院令をもって法定休日から外された。除夕が休日でなくなるのは、おそらく中国史上初めてのことであろう。

その際に国務院は除夕の休日外しの理由をきちんと説明できなかったことから、それに関するさまざまな推測が飛び交った。有力説の一つは、２０１３年３月に中国の国家主席になったばかりの習近平が除夕を嫌っているからだというものであった。

実は中国語では、除夕の「夕」という単語は習主席の名字の「習」とまったく同じ発音の「Xi」なのだ。つまり除夕は中国語で発音すると、「除習＝習近平を除く」となって縁起でもない。だから習主席がそれを忌避《きひ》して、除夕を法定休日から外させたというのは、民間での〝定説〟となった。

しかし10年後のいまになって、李首相が国務院の決定として再び法定休日に指定し、昔の伝統を回復させた。当然、李首相は習近平政権の下で除夕が休日から外された経緯をわかっているはずだし、「習主席が除夕を嫌う」という広く流布されている民間の定説をまったく知らないとは思えない。

この法定休日復活は、李首相による一連の習近平排除を目指す政治行動の一環として解釈することもできる。今後の展開が楽しみである。

バカ殿の私物ではなくなった人民解放軍

習政権下で起きた陸軍から海軍への権限委譲

昨年11月27日、英紙フィナンシャル・タイムズは、米当局の現職および元関係者の話を引用し、中国の董軍国防相が汚職の疑いで調査を受けていると報じた。

これに関し、中国外務省の毛寧《もうねい》報道官は27日の定例記者会見、外国記者の質問に「雲をつかむような話（捕風捉影）」との否定的なニュアンスで応じた。コメントはその一言のみで、彼女は「事実ではない」「捏造だ」と断言的な表現で否定しなかったところがミソであろう。

筆者自身のルートからの情報も、董軍が汚職調査を受けていることは概ね事実であると思われた。

そして翌28日、中国国防省の報道官は、共産党中央軍事委員会委員の苗華《びょうか》が解任され、「重大な規律違反」で調査を受けていると発表した。

２日連続で中国軍の最高幹部２名が事実上失脚したのは、まさに驚天動地の大事件であるが、その背後に何かあるのだろうか。

それを解くキーワードは、「海軍」だ。まずは董軍に関しては、海軍一筋の軍人で海軍司令官を務めた後、習近平主席により国防相に任命された。実は、中華人民共和国の歴史上、海軍出身者が国防相に任命されたのは董軍が初めてであった。

これまでの歴代国防相14名中の12名が陸軍出身で、国防相のポストはほぼ陸軍によって独占されてきた。

それでは、どうして習主席は慣例を破って海軍出身の董軍を国防相に任命したのか。そこで浮上してくるのは、28日に解任が発表された共産党中央軍事委員会委員・政治工作部主任の苗華の存在である。

苗華はもともと陸軍の出身であった。ところが、習近平政権成立後の２０１４年12月に海軍政治委員に任命された。さらに２０１７年９月には共産党中央軍事委員会政治工作部主任に昇進した。

中国軍においては「政治工作部主任」が全軍の思想統制と人事を司るポスト。大きな権限を持つ重要ポストであるが、習主席が海軍政治委員を務めた苗華を政治工作部主任に任命した背後には二つの理由があると考えられた。

①習主席が「南シナ海制覇・台湾併合」という自らの軍事戦略推進のために陸軍よりも海軍を重要視していること。

②習主席が政権の一期目に軍に対する腐敗摘発を断行したなか、標的にしていたのはほとんど陸軍の軍人（郭伯雄《かくはくゆう》・徐才厚《じょさいこう》ら）であったことから、陸軍と習主席との間に不信感が生じてきて現在に至っていること。

成功裡に終わった静かなる政変

だからこそ習主席は、政権2期目が始まると同時に海軍政治委員だった苗華を軍事委員会政治工作部主任に任命した。それ以来約7年間にわたって苗華は、この重要ポストに座わる。まさに軍における習主席の代理人として思想統制と人事の両面で権勢を振るった。

そしてその間、苗華は習主席の意向を受けながら自らの勢力拡大も狙って、全軍において徹底した〝海軍優遇〟の人事を行なってきた。その顕著な例の一つが一昨年7月、腐敗問題でロケット軍の前司令官を更迭《こうてつ》した際、新司令官に任命されたのはロケット軍生え抜きの幹部ではなく、海軍一筋の軍人であったことだ。それは、苗華が自らの息がかかっている海軍軍人を習主席に推薦したことの結果であった。

そしてもう一つ。同じく一昨年7月、陸軍出身の前国防相の李尚福が失脚、その後任に任命されたのが前述した海軍出身の董軍である。このままでは、習主席・苗政治工作部主任のラインで、中国軍は海軍により制覇されていく勢いであった。

こうした経緯から考えてみると、董軍の汚職調査の背後で浮上してきたのは、「海軍重視の習主席・苗政治工作部主任ラインに対する陸軍の逆襲」という可能性だろう。そして、この逆襲の中心人物は陸軍出身の大物軍人であり、軍事委員会筆頭副主席の張又俠であると思われる。

これまで各メディアを通じて筆者が伝えてきたように、昨年10月あたりから張又俠が中心となって「静かなる政変」を起こして軍に対する習主席の指導権を排除する挙動に出ている模様である。

どうやらここにきて張又俠主導の政変は、海軍の軍支配に対する陸軍の反抗の側面を持って、海軍出身の董軍の汚職調査を号砲に、習主席・苗政治工作部主任ラインという本丸へ攻め込んだ。

結果的には苗華軍事委員会政治工作部主任が見事に失脚し、董国防相の調査が終わって現職にとどまったものの、すでに**死に体同然の状況**である。張又俠たちの「静かなる政変」がこうして成功裡に終わったと、筆者は見ている。

苗華の排除とともに、習主席の軍支配はほぼ終焉した。これで人民解放軍はもはや「習近平の軍」ではなくなり、「張又俠の軍」となった。

これからの習政権はどうなっていくのか、そして中国軍はどうなっていくのか。いまは、巨大な嵐が巻き起こる前夜なのである。

人民解放軍からの批判に恫喝のコブシを挙げた習近平

軍報に掲載された強烈な習近平批判

2024年12月9日、中国軍の機関紙である「解放軍報」は「集団的指導体制を堅持せよ」と題する論評を掲載した。当日、同論評が中国国防省の公式サイトに転載されたことから、国内外で一躍注目を集めた。

周知のとおり集団的指導体制とは、鄧小平《とうしょうへい》時代の共産党指導部が文革などの災難をもたらした毛沢東の個人独裁体制に対する反省から提唱したものである。続く江沢民《こうたくみん》・胡錦濤政権時代も共産党指導体制の〝基本原則〟として踏襲《とうしゅう》されてきた。

しかしながら習近平政権時代になると、習主席はそれを徐々に破壊し、3年前の党大会において毛沢東以上の個人独裁体制を確立するに至った。したがって今回の解放軍報論評は、タイトル一つとっても、まさに「鄧小平回帰、習近平批判」の色彩が強い。

内容を見てみると、論評はやはり冒頭から鄧小平の発言を次のように引用していた。

「我が党においては、重大な意思決定は個人によってではなく集団によって行なわれるのが伝統である」

筆者には、鄧小平の権威を持ち出して現在の習主席のやり方を批判する意図が強く感じられた。論評はこう続けた。

「党の指導とは党委員会による集団的指導であり、一人、二人の指導者の指導ではない。つまり各級党組織の指導体制のなかでは、何人といえども集団的指導体制を堅持しなければならないし、重大問題の意思決定は集団の討議によって行なうべきである。個人は組織に従い、少数は多数に従う。個人が上から指導集団を凌駕するようなことは絶対にあってはならない」

昨今の中国政治の現状を多少とも知っている人なら、上述の言葉は名指しこそなかったとはいえ、完全に習主席その人に矛先《ほこさき》を向けたものであり、その個人独裁に対する痛烈な批判であることは明確であった。

論評はさらに続いた。

「一部の党委員会では、重要な決定は党委員会会議によってではなく、個人が決めることとなっている。党委員会は飾り物となっている。個別の主要指導者が家父長的な〝鶴の一声〟で物事を決め、集団的指導体制をなきもの同然にしている」

ここに出てくる「個別の主要指導者」という表現は相当露骨なものといえた。要するに、読む人にすぐにわかるように「ここで言っているのは、あの人のことですよ」と批判の対象が習主席であることを強く示唆していた。

習主席の指導権排除だけでは満足しない制服組

前述したように同じ解放軍報は、「党内政治生活の低俗化は戒めるべき」と題した論評で、「個人が党組織を凌駕し、家長制的な鶴の一声で物事を決めるようなことが起きている」と記していた。

今回の論評はこの延長線上でより露骨な習近平批判を展開し、さらに鄧小平時代の集団的指導体制を持ち出し、それを高く評価したところに注目すべきだ。

前項で伝えたとおり昨年11月、中央軍事委政治工作部の苗華主任（中央軍事委員）が重大な規律違反の疑いを理由に失脚した。これにより制服組トップの張又俠軍事委員会副主席らの勢力が、習主席の指導権を軍から排除することに成功していた。

これらの解放軍報論評を見ていると、どうやら張氏らは、習主席の指導権を軍から排除しただけでは満足しない。彼らは、党の指導体制を鄧小平の集団的指導体制に戻すことによって、党全体に対する習近平個人独裁体制の〝終了〟を目指している模様である。

そして昨年12月11日、解放軍報はまたもや、「個人独裁批判」の論評を掲載した。「先頭に立って党内民主を発揚させよう」をタイトルとする論評は、「民主集中制」という言葉を持ち出して次のように論じた。

「民主集中制とは、先に民主があり後に集中がおかれる。党の組織内では書記・副書記はヒラの委員と平等の関係であり、問題を討議し決定するときには平等の発言権と表決権を有する。……書記は〝班長〟ではあるが〝一家の主人〟ではない。書記と委員との関係は上下関係ではない」

冒頭で示した昨年12月9日掲載の解放軍報論評は「党の指導は党委員会による集団的指導であり、一人、二人の指導者の指導ではない」とかなり露骨な「習近平批判」を行なったが、ここでは「書記」という言葉を使ってより明確に、その矛先がまさに「習近平総書記」に向けていることを示唆している。

そして「書記は一家の主人ではない」という言葉はまた、習近平のワンマン独裁体制に対する真正面からの否定と批判に他ならない。

論評がここで持ち出した「民主集中制」とは一応、中国共産党（日本共産党も同様）の政治伝統の一つである。

しかし、それはかなり玉虫色のものであり、同じ民主集中制と言っても「民主」を強調する場合と「集中」を強調するのとでは全然違う。

前述の解放軍報は明らかに「民主」のほうを強調するものであって、共産党の政治伝統を持ち出して、いまの習近平独裁政治を批判しているのである。

エスカレートする一方の独裁体制批判

さらに、である。昨年12月18日、解放軍報はもう一つの論評を掲載した。

今回のタイトルは「先頭に立って実のあることを確実にやろう」。一見、これまでの論評とは無関係のようであったが、実際はそうではない。

中国国内では、「大言壮語ばかり吐いて実際のことは何もできない」という〝習近平像〟

が定着するなかで、同タイトルは〝習近平風刺〟と理解できる。しかも内容は上述の「民主集中制」を持ち出してその重要性を強調していたのだった。

このようにして解放軍の「習近平独裁体制批判」は収束することなく、むしろバージョンを変えてエスカレートしてきている感は否めない。それを改めて整理するとこうなる。

1解放軍の「習近平批判」は発作的・偶発的なものではなく、計画的・確信犯的なものである。

2解放軍はまったく習近平を恐れていない。

習近平の軍支配がすでに終わったことはこれでよくわかる。

他方、習近平主席は自ら反撃に打って出た模様だ。

まずは昨年12月16日、習主席が共産党長老・故喬石《きょうせき》氏の生誕100周年を記念する座談会に出席し、重要講話を行なった。そのなかで「党の全面的指導と党中央の集中統一指導を終始堅持しなければならない」と語って注目を集めた。

喬石氏は江沢民政権時代の党内序列3位で、全人代常務委員会主任を務めた人物。本来なら、その生誕を記念する座談会に最高指導者の習主席が出席しなくてもよく、全人代常

務委員会主任が出席し講話をすれば済む話であった。

しかし、習主席があえて出席し重要講和まで行なったのは当然ながら、それを機会に何かの重要メッセージを発信するためであった。

案の定、習主席はここで「党中央の集中統一指導の堅持」を強調した。それは明らかに、12月16日の解放軍報が提唱した「民主集中制」を強く意識して反撃を行なったわけである。ところが軍事委員会主席として解放軍の名目上の最高統帥者でありながら、習主席は解放軍報の「習近平批判」を圧殺することもできなければ、止めることもできなかった。

結局、「喬石生誕記念」というチャンスを使い、軍とは関係のない〝外野〟からこうした反撃を行なった。このことは、習主席がすでに軍に対するコントロールを完全に失っていることを意味していた。

さらにいえば、こうした反撃は習主席の側近や子分によってではなく、習主席自身によって行なわれた。これは子分たちがすでに習近平と距離をおいたことの証左ではなかろうか。

そして前述の反撃と同時に、習主席はまた一つの行動に出た。同16日の人民日報の一面トップには、習主席の文章が党機関誌の「求是」に掲載されることを予告する記事が掲載

されていた。そこには「党の自己革命」の命題に関連して、習近平が記した恐ろしい文言が記されていた。

「外部環境の変化と党員集団自身の変化にともない、党内では不可避的にさまざまな矛盾と問題が生じてくる。われわれは刃を内部に向ける勇気を持って、あらゆる消極的な影響を除去しなければならない」

ここで習近平は、「党内でさまざまな矛盾や問題が生じている」との表現を使って、党内で対立が生じていることを認めている。それへの対策として「刃を内部に向ける」という殺気立った言葉を用いて、反対派に対する〝恫喝《どうかつ》〟を実行したのである。

こうした恫喝がどれほどの効果があるかは、はなはだ疑問だ。が、以下のような化学反応を起こす可能性が考えられる。

露骨な恫喝を受けた張又俠氏ら軍の実力者たちは、自分たちを守っていくために〝反習近平〟感情を募《つの》らせてしまい、一段と習主席と軍との対立が激化する。筆者はそう予想している。

昨年末、失われた習近平の軍統帥権

排除された「習近平思想の学習と貫徹」の文言

２０２４年も押し迫った12月26日から27日、中国共産党中央政治局は年末恒例の「民主生活会」を開催した。

例年どおり会議において24名の政治局員は党の政策方針や党の運営などについて意見を発表し、習近平総書記が総括の講話を行なう流れとなっていた。

そこで筆者は、新華社通信と人民日報により公式発表された今回の会議内容と、前年の「政治局民主生活会」の会議内容とを比較、そこにきわめて重大な変化が起きていたことを確認した。

一つ目、この民主生活会における政治局員の発言について、23年末の会議発表は以下の「六つの要点」として伝えていた。

①習近平思想の学習と貫徹をより一層自覚し、堅持すること。
②党中央の権威と集中統一指導をより一層自覚し、堅持すること。
③人民のために奉仕することをより一層自覚し、堅持すること。
④実務精神の自覚と堅持。
⑤清廉潔白の自覚と堅持。
⑥党の自己革命の自覚と堅持。

とまあ、相変わらず〝ウソ〟ばかりで、意味のない言葉の羅列であった。

それに対し昨年（24年）末の公式発表が「五つの要点」と銘打って、次のとおり伝えられた。

①党中央の権威と集中統一指導の自覚と堅持。
②人民への奉仕の自覚と堅持。
③党中央の意志決定の断固なる実行。
④党の規律遵守の堅持。
⑤党の政治的責任の自覚。

以上は、一昨年末と昨年末の政治局民主生活会のそれぞれにおける、各政治局委員発言の要点である。両者を比較してみると、その変化は一目瞭然といえた。

それはすなわち一昨年末の公式発表にあった「六つの要点」は昨年末には一つ減らされ、「五つの要点」となった。ご覧のとおり一昨年の公式発表のいの一番に据えられていた「習近平思想の学習と貫徹をより一層自覚し、堅持すること」が昨年末の公式発表から消えていたのだ。

これは何を意味するのか？　この事実から何を読み取るべきなのか？　筆者は、「習近平思想の学習と貫徹」はもはや政治局委員たちの総意ではなくなった。少なくとも、政治局員のなかには習近平思想を〝拒否〟する人たちが現れている。しかも、彼らは罰せられない立場にある。そう考えるべきであろう。

習主席の指導的地位を認めないと宣言したに等しい軍の対応

もう一つの重要な変化が見られた。

一昨年の民主生活会の公式発表には、次のような表現がともなっていた。

「中央政治局の同志たちは一致して認識する。〝二つの確立〟は中国式現代化の推進とあらゆるリスクへの対処において決定的な意義を持ち、全党全軍全国人民は〝二つの確立〟の決定的な意義を深く理解し、〝二つの守護〟を実行しなければならない」

これに対し昨年末の公式発表では、そこのところが次のように差し替えられていた。

「中央政治局の同志たちは一致して認識する。習近平同志を核心とする党中央の集中統一指導は仕事を円滑にするための保証である。全党は〝二つの確立〟の決定的な意義を深く理解し、〝二つの守護〟を実行しなければならない」

双方の発表に出てくる「二つの確立」とは、習近平思想の党と国家の指導理念としての確立、習近平主席の指導的地位の確立ということ。「二つの守護」とは、習近平思想と習主席の指導的地位の守護のことである。

これに関する双方の発表内容を比べてみると、あまりにも大きな隔たりがあったことに気付く。

一昨年末の公式発表では、中央政治局委員たちの一致認識として、「全党全軍全国人民は〝二つの確立〟の決定的な意義を深く理解すべし」であったのに対して、昨年末の公式発表においては「全党は〝二つの確立〟の決定的な意義を深く理解すべし」に変わった。

つまり、「全人民」と並んで「全軍」が「二つの確立」を深く理解しなければならないリストから抜け落ちているのだ。

言い換えれば、解放軍としてはもはや、習近平思想の指導的地位と習主席の指導的地位を認めたくない、認めなくてもよいとのことになっているのである。

筆者はこれまで解放軍は軍事委員会筆頭副主席の張又俠氏を中心に、習主席に対する離反と、習主席の軍統帥権の排除を進めていることを伝えてきた。

ここにきて軍の習近平に対する造反は、もはや隠しようもない。軍は習近平の指導的地位を認めないことを半ば公然と〝宣言〟したに等しいのだから。

解放軍が望むのは従来の集団的指導体制

今回取り上げた政治局委員という組織は、中国の政治ピラミッド構造のナンバー2にあたる組織だ。2007年以降、24~25名体制が続き、月1回の政治局会議に参加する。

政治局委員になっている軍人はいま、中央と軍事委員会筆頭副主席の張又俠氏(反習近平)

と副主席の何衛東氏（習近平派）の２名。おそらく昨年末の政治局民主生活会において、軍の造反勢力の中心人物である張又俠氏の異議申し立てにより、「全軍は二つの確立を深く理解すべし」はリストから外された。それと連動して、「習近平思想の学習と貫徹」も公式発表から外された。筆者はそう捉えている。

軍における習近平の側近が次々と排除されていくなか、解放軍による「静かなる政変」は目的を達成し、解放軍に対する習主席の統帥権はすでに喪失したと見ていいのであろう。

解放軍は習近平を中国共産党トップから引きずり下ろすのではなく、彼の軍に対する支配を排除することを望み、成功にこぎ着けた模様である。解放軍が望むのは習近平による個人独裁体制ではなく、鄧小平時代から始まった「集団的指導体制」に他ならない。

こうした解放軍発の政治的なうねりが、これからどう中国を変えていくか、しっかりと目を凝らしていきたい。

軍内の老幹部たちに見せつけたバカ殿との手切れの儀式

２０２５年１月17日、中国共産党中央軍事委員会が恒例の「北京駐屯部隊老幹部慰問・新春文芸演出（舞台芸術公演）」を開催した。

習近平主席を含む軍事委員会委員全員は、北京に駐屯する解放軍部隊の古参幹部・引退幹部らとともに演出を鑑賞した。

解放軍報は１月19日付朝刊の第一面で新春文芸演出についての記事を掲載。さらに続く１月20日の12面を使って、当該演出の中身を詳しく長文記事にして伝えた。

そして20日掲載記事の内容とそれが報じた演出の中身と、昨年のそれとを比較してみると、解放軍の習主席に対する姿勢に大きな隔たりが露見された。

昨年は１月29日に同じ新春文芸演出が北京で開催され、２月９日付の解放軍報は12面でそれに関する恒例の長文記事を掲載した。記事の内容から見ると、昨年の新春文芸演出はまさに「習近平礼賛」をメインテーマとするものであった。

以下は昨年の記事の冒頭部分である。

「演出は習近平強軍思想と習近平文化思想を深く貫徹させ、強軍思想の学習と強軍事業の振興を主題としたもの。新時代の強軍事業の偉大なる業績を活き活きと反映し、全軍官兵が忠誠心を持って核心（＝習近平）を擁護し、強軍に奮進する精神的風貌を現している」

さらに文芸演出の具体的な内容の記述になると、記事はまず演出最初の項目である「迎春の戦歌」を取り上げた。習主席が強軍事業を導き、偉大な業績を上げたことを称えた。記事はまた、演出のさまざまな項目の内容にも触れた。なかには習主席を称えた以下のような歌詞が記されていた。

「あなたの嘱託を受けて、私たちは飛躍し、新時代を拓こうとしている」

筆者に言わせると、まるで北朝鮮の金正恩礼賛を彷彿《ほうふつ》とさせるような代物に他ならない。要は、昨年の記事には、習近平礼賛がちりばめられていたのだった。

それが本年の新春文芸演出には異変が起きていた。1月20日の解放軍報は同じ長文ではありながら、その最大の特徴は「習近平」「習近平思想」には一言も触れていないことであった。筆者はその長文を何度も読み返してみたが、やはり習近平の名前はどこにも見当たらなかった。そして本年の新春文芸演出にも、習近平礼賛の項目、および内容は皆無であった。

言ってみれば、習近平の眼前で行なわれた本年の新春文芸演出が完全に習近平〝無視〟を貫き、それを報じた解放軍報も同じ方針を貫いた。それは解放軍が自らの習近平排除を文芸演出の形で演出してみせた〝政治事件〟ともいえた。

実は解放軍はかねてより自前の文芸団を持っており、習近平夫人の彭麗媛《ほうれいえん》は軍専属の歌手だったことで知られる。

とにもかくにも、今回の行動は軍が習近平との決別を公然と宣言したのと同様で、筆者に言わせれば、一種の〝手切れ〟の儀式となったのではないか。

その一方、軍内の老幹部たちを慰問する文芸演出で習近平排除の演出を行なったことは、それなりの政治的計算と意味があったろう。軍に対して多大な影響力を持つ老幹部たちの習近平離れを促す効果を持っていた。筆者はそう見ている。

こうした形を取っての政治運動は、中国共産党の歴史のなかで垣間見ることができる。例えば毛沢東が劉少奇一派を打倒するために発動した「文化大革命」は当初、文化・文芸の領域での文化闘争から始まった。

つまり共産党内においては、文化・文芸も政治闘争の道具として使われるケースが往々にしてあるということだ。

第3章

不正と不満でゆがむ中国社会

反米親露が進む中国の民意

共鳴を呼ぶロシアの覇権主義的強硬姿勢

昨秋、中国の著名なシンクタンクである清華大学戦略・安全研究センターは、「中国人の国際安全観に関する民意調査報告」を発表した。これは18歳以上の男女２６６２人へのアンケート調査に基づいて作成したもの。

そのなかで筆者が特に注目したのは、米国、日本、ロシアなど世界の主要国に対する中国人の好感度あるいは反感度であった。

調査結果によると、男女の66・34％はロシアに対して「好感を持っている」もしくは「ある程度の好感を持っている」であった。

それとは対照的に、75・92％の回答者は米国に対して「反感」もしくは「ある程度の反感」を持っている。また80・24％の回答者は日本に対して「反感」と「ある程度の反感」

を持っていることが判明した。

日本に対して「反感」あるいは「ある程度の反感」を持つ人がそれほど多いのは当然、中共政権が長年実施してきた反日教育の賜物《たまもの》であるから、筆者は特段驚かない。

興味深いのはロシアに対する好感度の高さと、米国への「反感」もしくは「ある程度の反感」を持つ人々の割合が日本に負けないくらいに高いことだった。この調査の結果からすると、**「反米親露」**はいまの中国の民意の〝主流〟となっているわけである。

しかし、よく考えてみれば、それは実に奇妙なことであろう。中国と米国の間には日中間のような「歴史問題」は基本的に存在せず、いわば「領土問題」も皆無だ。

他方、鄧小平の改革開放政策以降、米中間の経済交流や人的交流はますます盛んになってきた。米国は常に中国の若者たちが赴く最大の留学先であり、長らく中国最大の貿易相手国でもあった。

それに対し中国のロシアとの経済的・人的結び付きはいまでも相対的に薄いもので、米国とは比べ物にならない。それでも大多数の中国人が「反米親露」に走っているのはなぜなのか？

前述の民意調査のなかに、「米国の対中国戦略をどう思うか？」の質問に対し、87・6

%の回答者が「米国は中国の発展を封じ込めようとしている」と答えていた。おそらく、これが中国人の「対米反感」の原因の一つであろう。

このような対米認識は、第一次トランプ政権以来の米国の対中国制裁関税や技術封鎖の実施に由来するものであるだろうから、まったく無根拠でもない。

半面、習近平政権が近年、「米国はわが国の発展を阻止し、滅ぼそうとしている」との国内宣伝を盛んに実行していることも、前述のような対米認識と対米反感をつくり出した大きな要因の一つであろう。

一方、覇権国家として弱小国家への侵略戦争を行なっている最中のロシアに対し、中国人は66%以上の割合で好感を持っていることの理由とは何であろうか？

調査がロシアに関してはそれ以上の質問を設けておらず、不明な点は多い。筆者の推測するところでは、力ずくで国際問題を解決しようとするロシアの覇権主義的強硬姿勢が多くの中国人の〝共鳴〟を呼び、対露好感を生んだのではないか。

それはこんな調査結果からもうかがい知れる。

「中国はどのような力を持って自国の外交政策の目標を実現すべきか？」の質問に対し、「軍事力」と答えたのは30・6%であるのに対し、「外交力」と「文化力」と答えたのはそれぞれ11・5％と10・4％にとどまった。

言ってみれば、中国人の「反米親露」の背後にあるのは、国民の共鳴を呼ぶ現代中国の〝覇権主義的体質〟そのものであると、われわれはこの民意調査から学び取らねばならない。

中国代表サッカーチームには勝てない理由があった

日本戦に衝撃的な大敗を喫した中国人の反応

2024年9月5日、埼玉スタジアムにおいてサッカーのFIFAワールドカップ2026北中米大会アジア最終予選「中国×日本戦」が行なわれた。そこで中国代表チームは0‐7で日本チームに予想以上の大敗を喫した。

この試合の結果は中国にとって、①ワールドカップ予選での中国の最多失点を記録した試合、②中日両国の対戦史上、最大の点差を更新した試合となった。

まさに屈辱の惨敗である。実際、0-7という点差は国家チーム同士、あるいはプロ同士の試合では滅多に出ない。それは試合というよりは、もはや一方的な叩き潰しであった。しかも惨敗した相手は「中国人民の不倶戴天の敵」である日本という国のチームであるから、それに対する中国のサッカーファンたちが受けたショックの大きさ、落胆憤慨《らくたんふんがい》は並々ならぬものであった。

中国メディア「魯中晨報」は早速「恥辱の記録！　中国代表0-7日本！」などと見出しを打って記事を掲載した。

SNSの「微博（ウェイボー）」では、中国代表の大敗がトレンドの話題となり、9月6日午前までに閲覧数は4億6000万回を超えた。

それに対するユーザーからの書き込みには、「（中国代表は）もう解散したほうがいい。存在する価値がない」「9月5日は『国恥記念日』にすべきだ」と憤慨するコメントがあふれる一方、「アジア最下位にふさわしい。日本がやっているのはサッカー、われわれのは蹴鞠だ！」とする〝自虐〟の書き込みも人気を博した。

中国代表元主将の范志毅《はんしぎ》は上海で観戦した後、「（上海を流れる）黄浦江《こうほこう》に飛び込みたい気持ちだ」と激高した。そして中国代表が日本から帰国して大連空港に着いたとき、多くのサッカーファンたちが空港の出口に集まり、代表選手たちに対して、「お前の母さんを〇〇するぞ！」という意味合いの「国民的罵倒語」を浴びせた。

中国人流の口惜しさを薄める思考法

中国代表は4日後の次戦・サウジアラビア戦に備えて大連滞在となったが、彼らの泊まったホテルが外資系の高級ホテルであることがバレた。すると、それがまた多くの中国人の憤慨を買い、「高級ホテルにどの面下げて滞在しているのか」といった罵倒が微博に殺到した。

こうしたなか、ショックの大きさのあまり逆に、「日本に敗戦して良かったじゃないか」とする真面目な珍論調もネット上で出回って大変な拍手喝采を博した。

その一つは次のようなもの。

「日本がわれわれに勝ったかもしれないが、それがどうした。アルゼンチンはサッカーが強いが、国家は破産しているのだ。米中露という世界一流の大国は皆サッカーが弱い。だから中国はサッカーが弱いが、国家は強いのだ」

もう一つはこうである。

「日本は過去30年、サッカーが確かに強くなったが、『失われた30年』で国家が衰退した。アルゼンチンも同じだ。中国は過去30年、サッカーは確かに不振であったが、国は滅茶苦茶に強くなり台頭した。だからサッカーが弱いのはむしろ中国の強さの現れであり、サッカーで負けたことは中国にとっての幸いなのだ」

近代中国を代表する大文豪の魯迅《ろじん》はかつて中国人の悪い〝根性〟の一つとして「精神的勝利法」を取り上げて皮肉たっぷりに批判した。どうやらそれは今日でも、日本に勝つための中国人民の必殺の剣、伝家の宝刀となっているわけである。

しかし、一般のサッカーファンはこのような情けない必勝法で惨敗への悔しさを何とか薄めることができるかもしれないが、半ば官僚機構の中国サッカー協会の幹部たちはそうはいかない。

「中国サッカー振興」は、習近平主席が自ら旗を振って推進してきた国家的プロジェクトである。だから、日本に対する惨敗で習主席のメンツは丸潰れとなった。主席が雷を落とせば、彼ら幹部たちの首が飛ぶかもしれない。

そこで中国サッカー協会は９月10日、八百長や違法賭博の疑いなどで選手ら43人に国内サッカー関連活動の永久禁止処分を下したことを発表した。敗戦後の大粛清をもって国民の怒りをかわす一方、来るべき政権からの問責に備えてスケープゴートをきちんと用意したのである。

もちろんそんなことをしても、中国のサッカーが強くなれるわけがない。同じ10日に大連で行われたサウジアラビア戦では中国代表はまたもや敗戦、アジア最終予選は２連敗となった。

呆れ果てる中国代表の前監督への評価

中国サッカーが弱い理由の一つは、やはり中国社会と切っては切れない腐敗にあろう。

例えば、サッカー関係者が八百長《やおちょう》や贈収賄などの容疑で何人も起訴されている、サッカー中国代表の前監督の李鉄《りてつ》の場合、民間サッカークラブの監督を務めた際、対戦相手を買収した八百長のサッカー試合で〝実績〟をつくり上げて中国代表の監督になった。

さらに監督に就任するためにはまた、中国サッカー協会の主要幹部に莫大な賄賂《わいろ》を贈らなければならなかった。だが、それでは自分が赤字になる。だから自分が監督となったら、それを取り戻すために〝収賄〟をしなければならない。

そこで彼は、「武漢卓爾」というサッカークラブと総額6000万元（約12億円）の契約を結んで、このクラブ所属の選手4人を選んで国家の代表チームに入れた。

このようにしてカネまみれででき上がった中国の代表チームが国際試合で勝てるわけがない。しかし思わぬことに9月5日の対日本戦の敗戦を受けて、中国国内ではむしろ汚職で捕まった李鉄の再起を期待する声が上がった。なぜなら彼が監督を務めたときも中国代表は日本に負けたけれど、0－7で負けたのではなく、ただの0－1で負けたからである。

かつて日本に負けた贈収賄の監督であっても、負けた点差が少ないだけに中国サッカーにとっての最後の〝希望〟となるのだ。中国サッカーはすでにここまで堕ちており、もはや哀れというしかないのである。

後日、以下の新聞記事が掲載されていた。

【AFP＝時事】サッカー元中国代表監督の李鉄被告（47）が汚職の罪で禁錮20年の判決を受けたと、国営新華社通信が12月13日に報じた。詳細については明らかにされていない。

不況下で破綻する中国お定まりの官民結託

犯人・被害者計3人が悲惨な墜落死

２０２４年9月19日、中国国内メディアの「財聯社」は公式サイトで一人の地方幹部の死を報じた。湖南省財政庁（局）女性庁長の劉文傑《りゅうぶんけつ》（57歳）が19日の午前に急死した旨を伝えると同時に、刑事事件の可能性もあるとした。

翌日の20日、湖南省財政庁は劉庁長の訃報《ふほう》を公式に発表。彼女の死は「遇害」、つまり殺害であることを認めた。劉庁長は湖南省党委員会委員、省の財政庁庁長を務め、まさに湖南省の主要幹部の一人であった。このような人物の殺害は大きなニュースとなり、いったい何のために誰によって殺されたのかは注目の的となった。

同じく20日に、湖南省省庁所在地の長沙市公安局は劉庁長の殺害事件に関する情報の一部を発表した。それによると、犯行が行われたのは財政庁官舎にある劉庁長の自宅。

9月19日午前7時前から、同じ「江」という名字を持つ二人の30代の男は、13階にある劉庁長自宅の玄関口の前で待ち伏せた。彼女が自宅玄関から出た際、刃物を持った二人の犯人は劉庁長を捕まえて自宅内に押し込んだ。この光景は監視カメラに捉えられていた。

そしてマンションの周辺にあった別の監視カメラが捉えたところでは、午前9時過ぎになると、犯人の一人が劉庁長をだき抱える形で一緒にマンションのベランダから墜落した。数分後に、縄を使って窓から降りようとしたもう一人の犯人がそれに失敗して墜落。これで計3人が墜落死した。

以上は、警察側が発表した監禁犯行と墜落死の経緯であるが、この程度の発表では事件の全容解明にほど遠く、むしろ多くの疑問点を生んだ。

1. 二人の犯人が劉庁長の自宅の玄関口前で待ち伏せしたことから、犯行は劉庁長を標的とするものであることはわかる。しかし、それがどういう目的なのかは警察発表ではまったくわからない。

2. 省の財政庁の官舎となれば、普段は厳重な警備があって出入りは厳しくチェックされているはずなのに、二人の犯人はどうして簡単に官舎内に入れたのか。

3. 犯人たちが被害者を捕まえて自宅に侵入してから3人の墜落まで2時間以上もあった。その間、劉庁長の自宅内で何が繰り広げられていたのか。
4. 一番不可解なことは、犯人たちが劉庁長を殺害しようとすれば、男二人だから室内でさまざまな方法があったはず。なぜ犯人の一人が劉庁長をだき抱える形で一緒に墜落し、あたかも無理心中のような場面を演じたのか。
5. 劉庁長ともう一人の犯人が墜落した後、残りの犯人は玄関から逃げ出すこともできるはず。なぜ窓から逃げ出そうとしたのか。

中国では常識の借金という名の賄賂

他方、警察の発表では、犯人の一人（窓から逃げ出そうとして墜落したほう）は、湖南省で法人代表として会社経営に従事しており、以前から劉庁長と面識があったという。

今回の事件は、かねてより知り合いであったビジネスマンと湖南省の財政を握る共産党幹部との間に何らかのトラブルが起きて、今回の「怪奇墜落事件」の発生につながったのではないかと思われる。

だが、警察の発表では真相はまったくわからない。中国の場合、共産党幹部が当事者となる刑事事件について、当局はむしろその真相を極力〝隠蔽《いんぺい》〟するのが普通であるからだ。

ここからは民間のネット情報の出番であった。

SNS上で広く流布されている出処不明のネット情報の一つは、事件の全容についてこう伝えた。

「江」という名字を持つ二人の犯人は実は従兄弟関係。その一人は江燚輝《こういつき》（ここでは江Aとする）。もう一人は江輝《こうき》（ここでは江Bとする）。江Aは湖南省平江県の有力経営者で、県の政治協商会議の委員も務めているから、いわば政権に近いビジネスマン。そして江Bは、同じ平江県公安局所属の現役の警察官であった。

経営者の江Aは以前、省財政庁長の劉庁長の斡旋で、彼女の親戚筋にあたる人物に6000万元（約12億2400万円）を貸し出した。そのとき劉庁長は連帯保証人になっていた。

しかしながら中国の常識では、このようなケースは実際には借金云々の話ではない。要するに、劉庁長が財政庁長の立場を利用して江Aのビジネスに何らかの便宜を提供したのだ。この引き換えに、借金という〝名目〟で江Aから賄賂をとったわけである。

習政権の腐敗摘発が厳しくなってから、共産党幹部たちは直接に民間から賄賂を取るのではなく、「親戚がお前からお金を借りたい」などの名目で賄賂を取るのが当たり前のようになってきた。のちにそれが発覚しても、「借金だから賄賂ではない」との弁解が効くからだ。

つまり、中国の官民結託の暗黙のルールに従えば、江Aからの貸出金を最初から賄賂だと〝認識〟すべきであって、その返済を求めるものではない。

永遠のミステリーとして残る湖南省女性財政局長殺害事件

ところが、江Aは大不況のなかで大変な経営難に陥ってしまい、どうしてもこの6000万元を回収したくなった。借り手に返済を強く求めたが拒否され、挙げ句の果てに相手は姿を隠した。そこで江Aはやむを得ず、借金の連帯保証人の劉庁長に頻繁に連絡を取り、連帯責任を果たしてくれるよう迫った。

だが、劉庁長にとってこの6000万元の借金は、そもそも自分が江Aに便宜を図って受け取った〝報酬〟のつもりであった。だから、「連帯責任をとれ」と言われてもまったくの心外で、江Aの要求を一蹴し、面会も断ってきた。

そこで思い余った江Aは、「借金を取り戻したら、いくらかお前にやる」を条件に公安警察官である従兄弟の江Bをたぶらかして、実力で劉庁長に返金を迫る計画を立てた。

そこからは江Bの仕事となった。彼は公安警察の特権を使って劉庁長の自宅住所と行動パターンを探り出した。さらに9月18日の晩から劉庁長の家族が泊まりがけで出かけることも突き止めた。

こうして二人の江は19日の朝から劉庁長の住む官舎に押し入って犯行に及んだわけであった。官舎に入る際、江Bが写真付きの警察官証明カードを出して警備をくぐり抜けた。

そこから演じられたのは、警察当局が発表した冒頭の一幕であった。二人の犯人が劉庁長を自宅に監禁した2時間余り、現場で何か起きたのかはやはり不明のままだ。おそらく犯人たちは劉庁長に対し、「連帯責任の履行」を強く迫ったのであろう。

しかし、それから起きた、想像を絶する事態の真相は不明のままである。どうして犯人の江Bは被害者を抱える格好で一緒に墜落したのか。どうして江Aは玄関から逃げるのではなく13階の高さの窓から降りようとしたのか。現場にいた3人の当事者が全員死亡した以上、それらの謎はおそらく永遠のミステリーとして残るのであろう。

しかしこの「小説よりも奇なり」の事件から、われわれは中国における官民結託の実態をかいま見ることはできた。

そして大不況がやってくるなかでこうした官民結託にも破綻が訪れていることと、既得利益集団である彼らの間で紛争や殺し合いがすでに始まったことを知り得たのである。

ついに互害社会となってきた中国

頻発する車を凶器に仕立てた大量殺人事件

読者諸氏も記憶にあるかもしれない。2024年11月11日夜、中国広東省珠海《しゅかい》市で自動車が暴走して多数の人をはねる事件が起きた。事故現場は珠海市スポーツセンター。犯人の男はSUVでスポーツセンターのランニング用トラックに突入した。

それにより38人が死亡、47人が負傷したと地元警察が発表。翌日の12日、習近平主席は事件の処理に関する重要指示を出したが、そのなかで習主席が「犯人の厳罰」に言及したことから、これが故意による犯罪であることが判明した。

同事件は衝撃的なものとして海外でも大きく報じられた。同じ11日、浙江《せっこう》省杭州市内の路上でも、男の運転する自動車が信号待ちの人の群れに突っ込む事件が起き、1人が死亡、4人が負傷した。

同じ日に同じような事件が別々のところで起きたのは、単なる偶然と思われるかもしれない。しかし実はその前日の10日、今度は広東省開平市で、自動車が人の集まる自由市場に突入し、7人を負傷させ1人を死亡させる事件があった。

そしてさらに調べていけば、類似事件が中国で実に頻発していることがわかった。

例えば昨年7月27日、湖南省長沙市で自動車の暴走により8人が死亡、5人が負傷の重大事件が起きた。死者8人となったことで、冒頭の珠海事件に次ぐ大惨事であった。

そして昨年3月1日、山東省徳州市では、小学校の校門前に集まった人々の群れに乗用車が突入し、2人が死亡、6人が重傷を負う事件があった。被害者のなかには、小学生の子供も含まれていたという。

この一連の「自動車突っ込み事件」のほぼすべてが、故意による犯罪行為である。これは警察の発表からも判明している。どうやらいまの中国では、おぞましいことに車を〝凶器〟にした大量殺人が流行っているようだ。

その一方、車の突っ込みとは別の手段による大量殺傷事件も多発している。例えば、昨年5月7日、雲南省昭通市で男が病院のなかで刃物を使って人々を襲い、2人を死亡させ、21人を負傷させた。

あるいは昨年9月30日、上海市松江区内のスーパーマーケットで刃物を持った男が刺傷事件を起こし、3名が死亡し、15名が負傷した。そして10月28日、今度は首都北京の海淀区で、未成年者3人を含む5人が刃物で襲われて負傷する事件も起きた。

深層的な原因として横たわる中国経済の崩壊と社会的不正

このように、中国全国で凶悪な無差別殺人が驚くべき頻度で起きていることはわかる。だが、警察が犯人たちの犯行動機をきちんと発表しないため、おのおのがどのような理由で犯行に及んだのかがよくわからない。

しかしながら類似事件の多発の背後には当然、何らかの共通した社会問題が原因として潜んでいることが考えられる。やはり経済状況が大変悪化し、失業や債務による個人破産が広がった。多くの人々が絶望的な状況に陥り、やり場のない憤懣《ふんぬ》と怨念《おんねん》を抱えるようになった。これらが凶悪殺人事件の多発することの深層的な原因と推測できよう。

さらに中国においては司法の腐敗、各級地方政府の〝不作為〟が常態化している。そんな状況下、不当な扱いを受けた人々や生活を失って絶望的な窮地に立たされた人々に救済の手を差し伸べるものは何もない。

彼らの一部は結局、社会への報復として、あるいは己の怨念のはけ口として極端な犯罪行為に走った可能性が強い。しかし本来ならば経済崩壊や社会的不正の被害者でもあるはずの彼らの犯罪行為はまた、多くの人々の尊い命を奪い、社会に大きな危害を与えた。

中国では近年、「互害社会」という言葉が脚光を浴びている。

文字どおり、**「人々が互いに害を及ぼす社会」**という意味合いである。本来、人々が互いに助け合うために社会というものをこしらえたはずである。それなのに中国社会はいま、それとは正反対の互害社会になりつつある。経済の崩壊に続くのは社会そのものの崩壊である。

黒社会と化した地方政府の遠洋捕獲

広東省だけで1万件に及ぶ被害

2024年12月16日、人民日報公式サイトの「人民網」は、「遠洋捕獲」を取り上げ、それを厳しく批判する論評を掲載した。

3日後の19日には、上海で開催された「上海2024参事論壇」において、国務院参事の甄貞《けんてい》さんはまた、同じく遠洋捕獲を槍玉にあげて批判を行なった。

ここでの遠洋捕獲とは当然ながら、漁業の遠洋漁獲を指しているわけではない。これは近年の中国で出回った比喩《ひゆ》的な新造語の一つだ。

全国各地の地方政府とその配下の司法・公安が管轄外の他地域へ赴き、何らかの罪名で〝民間経営者〟を捕まえ、個人と企業の財産を没収したりする行為を指す。

これに関して前述の人民網論評はこう述べている。

「遠洋捕獲とは、他地域で民間経営者を違法に捕らえ、個人と企業の財産を凍結したり押収したりする行為だ。このような行為は民間経営者の合法的権益を侵害し、民間企業の発展を大いに阻害する。それはわが国の法治に対する破壊であって地域のビジネス環境に対する破壊でもある」

人民網論評はここで、いったい誰が遠洋捕獲をやっているのかの〝主語〟を記すのを意図的に避けている。もちろん、それは各地方政府に他ならない。中国で民間経営者を勝手に捕まえて、その財産を凍結・没収できるのは各級政府以外にない。

つまり、いまの中国では、政府が黒社会となったかのごとく堂々と違法行為を起こし、民間企業の権益を恣意《しい》に侵害しているのである。

ところで遠洋捕獲の実際とは、具体的にどういうことなのか？

北京法律事務所首席顧問の曹保印《そうほいん》さんがメディアで語った一例があるので、紹介しよう。

広東省にあるA集団公司は、年商24億元（５１９億円）の中堅企業として２０２３年６月に香港証券市場に上場を申請した。ところが同年10月に河南省某市の公安局が、当該企業が詐欺に関わったことを理由に延べ１６００人の公安警察を広東省に派遣し、経営者を逮捕した。加えてA集団公司の口座を完全に凍結した上で罰金を科した。

その結果、A集団公司は香港での上場申請の撤回を余儀なくされ、しかも生産がとまってしまい、従業員の給料も出なくなった。

曹さんの話によると、広東省だけでも近年、このようなヒドい目にあった企業は何と、1万件を超えているという。

なぜ、地方政府はこのような違法行為に走ったのか？

最大の原因は、各地方政府の抱える深刻な財政難にある。かつて各地の地方財政は土地財政と呼ばれ、国有地の使用権を不動産開発業者に譲渡して手に入れた「土地譲渡金」で財政の大半を賄っていた。

ところが、近年の不動産開発産業の崩壊で譲渡金が手に入って来なくなった。各地方政府としては、民間企業からしぼり取って財政危機を免れる以外にない。

しかしその際、各地方の民間企業は〝賄賂〟を通して地元政府の幹部や警察とつながっているから、地方政府は〝地元〟の企業になかなか手が出せない。

いっそのこと管轄外の他地域、特に経済的に豊かな地域へ出向いて〝遠洋捕獲〟に精を出すのが得策ではないか。これこそは財政難を緩和させる一番の早道と考えるに及んだ。

各地方政府が一斉にこんなことに血道をあげていると、経済先進地域の民間企業は恐慌に陥り、逃げ出す以外に選択肢はなくなってしまう。その際、彼らにとっての逃げ出す場所は外国、特に法治が健全である先進国である。

結果、資本が中国から大量に流失することになり、国内先進地域の経済も崩れていくこととなろう。

いずれ魚が本当の遠洋へ逃げ出し、各地方政府の近海捕獲もできなくなるのであろう。

8年間で出生数が半減

婚姻数は11年間で半減

2025年2月8日、中国民生部（日本の厚生労働省に準ずる）は「2024年度全国婚姻統計数字」を公表した。

それによると2024年1年間、全国で結婚登録した婚姻数は610・6万組で、筆者もかなり驚いた。前年2023年から157・4万組も減ったからだ。減少率は実に20・5％にも達した。

さらにいえば、2024年の婚姻数は1980年以来の44年間で最低であり、2013年の1346・9万組の半分以下に落ちたことになる。

当然ながら、このような深刻な婚姻数の激減は、中国の社会、経済にマイナスの影響をもたらさないはずがない。

打撃をこうむるのは婚礼を司るブライダル関連産業であろう。結婚式場、家電、家具などすそ野は広いけれど、もっとも痛手をこうむるのは住宅産業ではないか。

中国の場合、マンションを含めて持ち家（プラス自家用車）を持つことが一般的に結婚の〝前提〟とされている。だから結婚する男女が激減していることは、住宅販売の激減に〝直結〟する。

住宅を中心とした不動産投資が中国経済の3割をつくり出しているなか、不動産市場崩壊の加速化は当然、中国経済全体を大不況に陥れる危険性を高めている。

問題はそれだけにとどまらない。婚姻数の激減は当然ながら、出生数の激減につながる。

2023年の出生数は約902万人であった。2016年は1725万人だったから、8年間で49・5%も減ってしまった。

8年間で一国の出生数が半減するとは、まさに国家的危機の発生と称すべきではないか。「8年間で出生数が半減か。それでは次の8年間で中国の出生数はゼロになるのか」

ある中国人が自嘲の冗談を飛ばしていたのを、筆者は思い出さずにはいられない。

その原因の一つをこしらえたのは、前述の婚姻数の激減であったが、そこをさらに掘り下げてみよう。やはり大きいのは、結婚適齢期の若者たちの〝価値観〟の変化と思われる。「人はそれなりの年齢に達すれば、結婚すべきではないか」とする従来の価値観が崩壊しつつあるのではないか。かつては本人がその気にならなくとも、周囲がそれを許さないような圧力が確かにあったような気がする。

これは昔の日本にも似たようなところがあったようだが、中国はさらに強烈であった。20代後半にもなって独身でいると、「アイツは変人か病気だ」と後ろ指を指されるようになる。

婚姻数激減を加速度的にもたらした習近平政権誕生

従来からの価値観の変化という側面で捉えるならば、これは中国だけの問題ではないと鞘《さや》に納められるのかもしれない。

中国の大問題は他国と比して、近年の婚姻数の減り方があまりにも激しすぎることになる。

大きな要因に挙げられるのは、筆者が何度も取り上げてきた中国の大不況下にともなう、若者たちが直面する未曾有の〝就職難〟に他ならない。

国家統計局が公表した昨年12月の若年層失業率（16～24歳）は、以前より下がったとはいえ15・7％であった。むろんこれは〝眉唾《まゆつば》〟で、筆者が集めた独自情報や中国内からの伝聞では、実際の失業率は3割以上と思われる。

同じ年齢層の日本の若者たちの完全失業率がせいぜい4％程度だから、中国の若年層がどれほど厳しい環境にあるのかがよくわかる。

失業率がこれほど高くなっているのであれば、中国の多くの若者たちは結婚しない。失業中の者たちはもとより、職を持つ者もいつリストラされるかわからない。そんな不安定の状況下ではやはり結婚はしたくはない。

いまの時代、中国も日本も同棲は自由ということもあるのだろう。なにはともあれ、中国の婚姻数の激減の圧倒的要因の一つには、中国経済の不振が大きく横たわっている。

経済的要因と並び、婚姻数の激減を大きく促進させているのが、習近平政権の〝息苦しさ〟だと、筆者は考えている。これは数字が物語っている。

婚姻数の激減が主に2013年以来の現象であるのは先に述べたとおりだ。2013年はまさに習近平が国家主席になった年であり、習近平体制が本格的に始動した。それ以降加速度的に進んだ婚姻数激減と、国民を失望させ何の希望も与えなかった習政権の政治が無関係であるはずもない。

おそらく今後数年間、こうした閉塞した政治状況は変わらず、経済の大不況はさらに長引くのだろう。

よって婚姻数の激減とそれにともなう出生数の激減は今後も続かざるを得ない。どう考えても、中国という国の未来は絶望という色に塗り固められている。

第4章

絶望に覆われる中国経済

不況下で暴騰する食料品価格

デフレ圧力を初めて認めた中国高官

2024年9月9日、中国国家統計局は8月の生産者物価指数（PPI）と消費者物価指数（CPI）を公表した。

生産者物価指数とは、生産者が出荷した製品や原材料などの販売価格の変動を調査・算出した経済指標である。つまり生産者の出荷価格に関する物価指数だ。一般的に言えばそれが上がるほど生産者（企業）の儲けが多く、景気がよくなっていることの現れである。逆に、PPIが下がることはデフレ、景気が悪くなることの指標となる。

それでは国家統計局が発表した8月のPPIはどうなっていたのか。前年同期比では1・8%下落、前月比では0・7%下落だ。これで中国のPPIはすでに連続23カ月の下落となった。このことは当然、中国経済が深刻なデフレに陥り、大不況が続いていることの証しでもある。

だからこそ9月6日、中国人民銀行（中央銀行）前総裁で、全国政治協商会議経済委員会副主任を務める易綱《えきこう》氏は、上海で開催された「金融サミット」に出席した際、「中国はデフレ圧力との闘いに力を入れるべき」と述べた。

習政権が「中国経済光明論」を唱えるなか、中国高官が公の場で中国経済がデフレ圧力に〝直面〟していると認めたのは初めてのことで、事態の深刻さを示した。

しかしながら大変奇妙なことに、昨年8月のPPIが下落したのに対し、同じ国家統計局が公表した同8月の消費者物価指数（CPI）は前年同期比では0・6％上昇、半年ぶりの高い伸びとなった。前月比でも0・4％上昇であった。PPIの下落とCPIの上昇は、実に不思議なねじれ現象となった。

問題は、消費者物価指数のどの部分が上昇し、逆にどの部分が下落しているかである。その中身を見ていくと、例えば工業消費品のCPIは0・4％下落、ガソリンは2・7％下落、航空券は11・9％下落など、物価指数が下落している部門が多かった。

そのなかで大幅な上昇があったのは食料品部門のCPIだった。食料品全体の消費者物価指数は前月比で3・4％上昇、前年同期比では2・8％上昇であった。そのうち豚肉の物価指数は前月比で7・3％上昇、前年同期比では何と16・1％もの上昇。野菜類の物価指数は前月比18・1％上昇、前年同期比では21・8％もの上昇であった。

つまり工業品などの物価指数がデフレで下落しているなか、食料品の大幅上昇がCPI全体の数値を持ち上げ、8月の消費者物価指数の0・6％上昇につながったのだ。

長引くデフレが招く全国規模の社会動乱の発生

豚肉や野菜など食料品の価格指数大幅上昇の原因に関し、国内外の多くの専門家やマスコミは7月、8月の異常気象や水害発生を要因に挙げた。けれども異常気象や水害が一因であっても、それだけでは異常な物価上昇を説明できない。

2023年夏においても、中国北部中心に大水害などが発生したにもかかわらず、同年8月の食料品物価指数は1・7％の下落だった。豚肉のそれは17・9％もの大幅下落となった。したがって、昨年8月の食料品物価指数の大幅上昇には別の要因があったのではないか。

一般的に言えば、物価指数上昇の背景にはまずあるのは当然、市場に流通している貨幣

（すなわち流動性）の過剰であろう。昨年4月の段階で、中国国内のM2（マネーストックの指標）はすでに300兆元（GDPの倍以上、日本円にして6300兆円）に達し、2013年の約3倍。過度な流動性過剰はいつでも物価上昇＝インフレを引き起こす危険性がある。

その一方、深刻な経済不況のなかで失業・減給が拡大した。国民全体の消費力が大幅に弱まった。人々は食料品以外の消費を極力抑える一方、最低限の食料品消費だけはどうしても必要だ。金欠であって価格が高騰しても、食料品を一切買わないわけにはいかない。これで、流動性過剰による物価上昇が結局、食料品の領域で集中的に発生してしまった。

その結果、PPIが下落しているなかで、食料品以外の工業消費品の物価指数が下落しているにもかかわらず、食料品の物価だけが大幅上昇という現象が起きたのであった。

問題は今後、生産者物価指数の連続下落が示す経済全体の大不況が続き、失業や減給がさらに拡大していく事態になったときだろう。

生きていくために必須の食料品の物価上昇だけが長く続くことになれば、それは貧困層を含めた多くの国民の生活を圧迫し、彼らの基本的生存権を奪ってしまうことになりかねない。

そして事態がそこまで深刻化したら、全国規模の社会動乱の発生はもはや避けられない。

経済全体がデフレ不況に入るなかで、食料品を中心に物価だけが上がるという最悪の状況と、それが引き起こすかもしれない大動乱の危機に、いまの中国が直面しているのである。

破綻したバカ殿が掲げた「中国経済光明論」

発表された死に際のあがきとも思える救急策

2024年9月26日、中国共産党中央政治局は習近平主席の主宰下で会議を開き、目下の経済情勢と今後の経済政策を討議・決定した。

筆者は翌日の人民日報の公式発表の文言に注目した。

「同会議は現在の経済情勢について、当面の経済形勢を客観的かつ冷静に認識し、困難を直視しなければならないとの認識を示した」

これは画期的なことであった。なぜなら習政権になって約12年、共産党指導部が「困難を直視」という表現で、中国経済が困難に直面していることを初めて〝認めた〟からである。

周知のとおり一昨年以来、習近平指導部は怪しげな**「中国経済光明論」**を打ち出して、高らかに唱えることによって中国経済崩壊の実態を国民の目からそらそうとしてきただが、ここに来て政治局会議が公然と「経済が困難に直面」と認めたことは、「中国経済光明論」の破綻と放棄を意味している。それはまた経済の実態はすでに、光明論を唱えた程度では覆い隠せないほど〝悪化〟していることの証左でもある。

そして困難克服の救急策として政治局会議は、**大幅な利下げと預金準備率の引き下げ、不動産刺激策ならびに株式市場刺激策の実施**などを打ち出した。どうやらここにきて、習主席と習近平指導部が瀕死の経済状況に深刻な危機感を抱き、死に際のあがきとして思い切った救急策を打ち出すこととなった。

それに先立つ24日、中国人民銀行（中央銀行）の潘功勝《はんこうしょう》総裁は記者会見を開き、前述の政治局会議方針に沿っての具体策を発表した。

1　短期金利を0・2％引き下げると同時に、金融機関から預金を強制的に預かる預金準備率を0・5％引き下げる。

潘総裁の説明では、預金準備率の引き下げで市場に1兆元（約20兆円）の資金を提供できるという。つまり、大恐慌の中国経済に資金という名のカンフル剤を注入することで延命を図る。

2 不動産購入の頭金の比率を通常の25％から15％に引き下げること。住宅ローン金利を0・5％引き下げること。それをもって不動産需要を刺激し瀕死の不動産市場を救う。

3 さらに3兆元（約61兆円）の資金を捻出して「株式回収購入融資枠」を設け、企業がそれを使って自社株を購入することを奨励、瀕死の株式市場を刺激する。

以上が中国の中央銀行が中央指導部の方針に従って発表した一連の大規模金融緩和および経済刺激策であった。

まず筆者が疑念を呈したいのは「2」の不動産需要刺激策。その時点ですでに34億人が住めるほどの住宅が過剰となっていた。頭金比率の引き下げや住宅ローン金利の多少の引き下げ程度で不動産が再び売れるとは到底思えない。

このうち「3」の株式刺激策は直ちに功を奏し、それが打ち出された翌日の25日から、上海株は連続3日間急上昇、2700ポイント台から3000ポイント台に急騰した。

問題は上海株が今後においてどこまで上がっていくかであった。ある程度まで株価が上がると、売り出して逃げる人が大量に出てくる可能性があるからで、いずれ勢いを失って元どおりになるかもしれない。

その一方、一連の救急策はある程度株価を持ち上げることはできたとしても、実体経済全体と不動産市場の救済になるかどうかは大いなる疑問である。

不動産市場の場合、先に触れたとおり、すでに34億人が住める分の住宅が過剰となっていた。頭金比率の引き下げや住宅ローン金利の多少の引き下げ程度で不動産が再び売れるはずはない。全体的に見れば、今回の乾坤一擲《けんこんいってき》の経済救急策は〝空振り〟に終わる可能性はむしろ大であった。

その結果については、すでに第1章冒頭において詳述したので、必要とあれば読み返していただければと思う次第である。

李首相の固本培元論に業を煮やした習近平

もう一つ注目すべきなのは、この経済救急策は、経済所管の国務院総理の李強によってではなく、習主席の主導下で考案・執行された可能性が大きい点であった。

実際、一連の具体策を発表したのは前述の中央銀行総裁だったし、全体方針を決めたのも前述の政治局会議であった。その間、李首相はそれらの救急策について公で発言したことは一度もなく、関与した痕跡はまったくない。

実はその3カ月前の6月25日、李首相は大連で開催された世界経済フォーラムに出席した際、中国経済の振興策について次のように述べていた。

「中国経済は大きな病気から回復したばかりの病人の如く、いきなり劇薬を投入してはならない。中国の中医（漢方医）学が推奨する〝固本培元《こもとばいげん》〟の手法でそれをゆっくりと治していかなければならない」

固本培元とは文字どおり元を固めながら元気を培うという意味合いで、中国伝統の漢方医がよく使う療法の一つである。

李首相はここで、この言葉を用いて中国経済には劇薬にあたる刺激策を講じるのではなく、ゆっくりと経済の体力回復を図っていくべきとの考えを示した。

だが昨年9月下旬に中国政府が施行し始めた前述の刺激策は、まさに李首相がいうところの「劇薬」に他ならなかった。

おそらく李首相とは政策面ですでに離反関係にある習主席は、李首相の悠長な固本培元論に業を煮《に》やした。それを退けて急激な経済救急策を主導したのではないか。経済政策の策定と遂行の背後にもやはり、習主席と李首相との確執があった。このように考えるほうが妥当だからだ。

しかしながら習主席の主導下で始まった金融緩和策は、劇薬であっただけに大きな〝副作用〟を心配しなければならなかった。

その一つがインフレであった。一連の金融緩和策で市場に資金を大量に流していくと、結果的にインフレを招く恐れがあった。

筆者が幾度も指摘してきたように、昨今の中国国内においてはただでさえ食料品価格が急騰し、民衆の生活を圧迫してきた。食料品などを中心に本格的なインフレが起きてしまえば、逆に中国経済をより一層の危険にさらすことになる。

これは同時に政権にとっての危機をもたらしかねない。いずれにせよ、習政権はこれからきわめて深刻な季節を迎えることになろう。

日本企業に告ぐ！
中国にしがみつくのはおやめなさい！

高齢者により支えられている消費市場

２０２４年11月下旬から12月初旬にかけ、中国国内の著名経済学者の二人がそれぞれの講演において、中国経済にまつわる政府のウソを暴き、その危機的な実態を明らかにした。二つの講演の内容は直ちにＳＮＳを通して広く拡散され、中国国内だけでなく世界中の中国系の人々の間で大きな反響を呼んだ。当然ながら現在、中国国内において、この講演内容の文字資料はＳＮＳから完全に削除され、二人の微博のアカウントは封鎖されている。

学者の一人は高善文《こうぜんぶん》氏。１９７１年生まれの彼は、北京大学経済学修士課程、清華大学金融学院博士課程を修了後に博士号を取得。現在は中国大手証券である国投証券首席経済学者、中国首席経済学者フォーラム理事を務める。2016年7月、当時の国務院総理（首相）李克強氏主宰の「経済情勢座談会」に専門家として出席した。

12月3日、国投証券が深圳で主催した「年度戦略会議」で高氏は専門家として基調講演を行なった。そのなかで彼は自身の調査と研究に基づき、中国経済の実態と政府が示す経済数値のウソなどについて次のように語った。

まずは消費について語っている。現在の中国は深刻な消費不足に陥っているが、とりわけ消費の足を引っ張っているのが若年層と中年層である。若年層は未曾有の就職難に直面、運良く就職できたとしても給料が低いため、将来への見通しが立たない。こうした環境下、若年層の大半は「節食縮衣」に励み、「インスタントラーメンをする」生活をしていると高氏は示した。

それを表しているのが人口に占める若者の比率の高い地方ほど消費がふるわないという現象だと、同氏は指摘した。

一方の中年層は、子供の教育費や各種ローンの支払いに苦悩するなか、経済状況の悪化によりいつ失職するかわからない。したがって中年層も消費には極力消極的でいざというときの備えとして貯金に励むしかない。結局、中年層も中国の消費市場を支えることはできない。

高氏によると、中国でもっとも安定した経済生活を送っているのは高齢者層であるという。毎月決まった金額の年金を支給され、収入が安定しているからだ。中国の消費市場はこうした高齢者により辛うじて支えられている模様である。

中国の現在の経済状況・社会状況を、高氏はこう描写する。

「若者は活気なく**意気消沈**（死気沈沈）、中年層は生活に圧迫されて失業の脅威にさらされ**戦々恐々**、年寄りだけが**生き生き**としている」

白日の下にさらされた国家統計局による成長率捏造

失業問題に関して高氏は、政府公表の失業者数が実際の経済状況と不一致で信用できないと喝破《かっぱ》した。同氏の調べによると、現実には中国の都市部だけで最低限4700万人が失業状態にあるという。

中国の都市部の労働人口は約4億3000万人である。高氏が示した数字から割り出すと、都市部労働人口の10人中の1人が失業、つまり失業率は10％余りとなる。

さらに高氏はこうも指摘する。

「不動産価格を含めた物価の変動や就職率の変動からすると、政府がこれまで出してきた経済成長率には明らかに〝水増し〟の部分がある。政府はこの数年間、毎年の成長率を少なくとも3％程度、実際より高く見積もっている」

国家統計局が出す公式の経済成長率に水増しの疑いがあることは、中国では公然の秘密であった。しかし著名な経済学者が公の場で指摘したのは初めてのことであった。

そして高氏は明言した。

「2023年の中国経済成長率は政府発表の5・2％ではなく、2・2％にすぎず、政府目標の5％を大幅に下回った。今年1～9月までの成長率についても、政府公表の4・8％は偽りの数値だ。実際には1・8％とははるかに及ばなかった」

中国政府による成長率捏造《ねつぞう》と経済の実態が、こうして白日の下にさらけ出された。

1年間に2000万人も増えた落ちこぼれタクシードライバー

もう一人の著名経済学者付鵬《ふほう》氏は以下のような人物として知られる。長年、英国に留学・在住し、英国のレディング大学卒。現在は中国東北証券首席経済学者、中央テレビ局経済コメンテーターを務める。

彼は昨年11月24日、本部をロンドンに置くHSBCグループが上海で開いた非公開フォーラムで講演を行なった。その衝撃的な内容が外部に漏れ、SNSを中心に広く拡散され大きな反響を呼んだ。

付氏は同講演において、「中国経済が抱える最大の問題は有効需要の不足だ」と指摘した。有効需要とは、実際の貨幣支出に裏付けられた需要を意味する。「モノが欲しい」という欲求と、それが買えるお金の両方がかみ合った需要である。その有効需要が深刻な不足に陥っているから、企業が売るために過酷な価格競争を起こして、生産者物価指数が下がり、深刻なデフレに陥ってしまった。

有効需要不足の原因について付氏が挙げたのは、不動産バブルの後遺症として深刻化している家計部門の負債問題だった。それを説明するため、彼は次のような典型例を挙げた。

本来の価値が200万元しかない不動産物件がバブルの最盛期に600万元で売りに出されていたとする。そのうちの400万元は実際、購入者が銀行からの借金、すなわちローンである。

バブル期に200万元の物件を600万元で売ったことで不動産開発業者が大いに儲かり、経済もこれで繁栄できた。しかし、そのつけはすべて購入者たちが今後数十年間かけて払うことになる。彼らはそれから数十年間にわたって、法外な価格で不動産を買うために借りた莫大な銀行ローンを支払わなければならない。

こういう人たちに先に記した有効需要を期待することはできない。毎月のローンを払って最低限の衣食を満たした後に残される可処分所得はほとんどないからである。

負債問題とも関連して付氏が挙げた有効需要不足のもう一つの原因は「中産階級の沈没」であった。ここ1年間に突如2000万人の人々が「ネット予約タクシー」の運転手となった事実を取り上げ、そのほとんどが中産階級から転落した〝落ちこぼれ組〟であると指摘した。

安定した収入があったのに企業のリストラで失業した人、破綻した零細企業の経営者、不動産ローンなどの負債が返済できなくなり自己破産した人などなど。こうした人々が一斉に参入しやすいタクシー業界に殺到した結果、いまの中国では「ネット予約タクシー」を含めたタクシー業界がすでに人員過剰の状態となっている。

以上は付氏の指摘する有効需要不足の二つの原因である。その一方、需要が不足すると生産能力だけが余ってしまい、こうした過剰生産は対外輸出に回すしかない。

ところが本年2025年に、トランプ政権が中国製品に法外な高関税をかけてくるのは必至だ。経済状況のさらなる悪化を回避するのは難しい。価格競争によるデフレが一層進むだろうと、と付氏は予測するのである。

9億人が年収20万円で暮らす中国の現実

このように二人のトップクラスの経済学者がほぼ同じタイミングで、中国政府のウソを暴いたり、中国経済の隠された実態を明らかにした。

それは中国経済が危機的な状況にあることをわれわれに改めて認識させた。と同時に、最近の政治動向を反映しているように見える。

周知のとおり2年ほど前から、習近平主席の主導下で共産党政権は「中国経済光明論」を唱えてきた。

だが、ここで紹介した二人の経済学者の論調は明らかに中国経済光明論に反するものであり、公然と習主席に反旗をひるがえした挙動であるといえる。

だからこそ、冒頭で記した二人の講演内容は国内SNSから削除されたし、二人のアカウントも封鎖された。

ここで改めて考察してみたいのは、自分たちの講演内容が習主席の逆鱗《げきりん》に触れることを百も承知の上で、二人の経済学者があえてこのような大胆な発言を行なったことだ。

その背景に横たわっているものは何か？　彼らは政権内の一連の〝政変〟で習主席の威光がすでに地に墜ちたことを知った。ポスト習近平時代の到来を見据えて〝造反行動〟に出たのではないか。

最近の軍政変の動向と連結して考えてみると、中国の政治にすでに大きな変化が起きていることは明らかである。

昨年12月10日、中国国内紙の「経済観察報」は、浙江《せっこう》大学「共享と発展研究院」の李実《りじつ》院長（経済学者）のインタビュー記事を掲載した。そのなかで李氏は、現在の中国で人口の65%を占める約9億人の国民が「低収入人群」に属していると指摘し、国内外で大きな波紋が広がった。

中国政府が公式に発表した「低収入人群」の収入基準は、一人当たり年間可処分所得が「9215元」であった。

ということは、中国の約9億人の人々は年間可処分所得9215元、日本円にして20万円未満、月にして1万6000円程度でしかない。

思い起こせば2020年6月、当時の李克強首相（故人）は全人代の記者会見で「中国では6億人の月収が1000元（1万5000元）でしかない」と発言して大きな波紋を呼んだ。

どうやらその時点から状況が改善されることなく、中国人の貧困はさらに拡大している模様である。日本企業がいつまで〝広大〟な中国市場を夢見て、このような中国にしがみつくのか、はなはだ疑問である。

中国全土を襲う飲食・スーパー・病院の倒産ラッシュ

1日平均8200店が潰れた昨年の飲食業

2025年1月に入ると、昨年1年間で企業の倒産、店舗の閉店を意味する「倒閉」が大量発生したことが、一部メディアの報道や研究機関の発表により明らかになった。

昨年1年間を通して、中国語で「倒閉潮＝倒産・閉店ラッシュ」と表現される現象が起きていた。とりわけ顕著だったのは飲食店、病院、そしてスーパーマーケットの倒産・閉店であった。

広東省に本社を置く広東紅餐科学技術有限公司が開設する「紅餐網」という飲食業向けの有名サイトが1月21日に以下の発表を行なった。2024年1年間、中国全土において倒産・閉店の憂き目をみた飲食店の数は300万に上った。平均して1日に8200店以上の飲食店が倒閉に追い込まれた計算になる。

倒閉は著名高級レストランからチェーン店、洋食店、ラーメン店に至るあらゆるタイプの飲食店に及んだ。倒産に至らなくとも規模縮小、店舗数削減は業界全体の普遍的現象となった。

さらに北京市でもっとも有名な人気高級イタリアン店だった「Ｏｐｅｒａ ＢＯＭＢＡＮＡ」は昨年4月に突如倒産し、北京っ子に衝撃を与えた。しかも店員たちの給料や仕入れ先への支払いは未払いのままの倒産であった。

あるいは上海においては、超有名な高級創作中華料理店の「穹六人間・Ｐｅｏｐｌｅ６」や、最盛期には「深圳でもっとも予約が取れないステーキ店」と言われた「燃扒房Ｓｔｅａｋ Ｈｏｕｓｅ」も相次ぎ姿を消した。

また有名ブランドチェーン店のなかでは、台湾の「豪大大鶏ステーキ」は昨年12月26日に上海新世界城にある本店を閉店。続いて31日までに中国国内の全店舗を閉めた。中国に上陸して12年目の全面撤退となった。

加えて日本料理の「赤坂亭」は昨年11月に北京、上海などで営業していた11店舗をすべて閉店した。

倒閉潮の勢いは喫茶店にも及んでいる。中国で業界第2位の「太平洋珈琲」は昨年、国内の100店超を閉店した。あるいは「本来不該有・鮮果珈琲」は昨年、全国で600店超を閉店するに至った。

以上は、飲食業向けサイトとして信頼できる紅餐網が調査し、明らかにしたものである。悲惨すぎる倒閉潮の実態に背筋が寒くなる思いを禁じ得ない。

この調査レポートは最後に、2025年にはさらに大きな倒閉潮が来襲するという不吉な予言で締めくくられていた。

すでに一桁にまで減った仏カルフール店舗

同じく本年1月21日、「商雲智庫」という民間調査機関が以下の統計数字をリリースした。智庫はシンクタンクの意味である。

それによると、昨年1年間、前述の飲食店倒閉も含めて全国で190社以上の外食産業・小売業関連企業が傘下店舗の大量閉店に踏み切った。

例えば、有名スーパーマーケットの「歩歩高超市」は傘下の店舗数の3分の2に当たる60店を閉店とした。「永輝超市」の閉鎖店数は200店以上。

そして仏系大手スーパーチェーン「家楽福（カルフール）」の場合、最盛期には中国内で300店以上を展開していた。しかしながら、昨年の倒閉潮の後はなんと一桁に減少した。病院の倒産も驚くほど多い。中国の3大経済紙の一つである「21世紀経済報道」が公開情報に基づいて統計を調査したところ、昨年初から11月21日までに全国で倒産した病院は492もあった。

もっとも多かったのは産婦人科病院の倒産であった。昨年10月には湖南省長沙市の「長沙百佳Maria婦産医院」が営業不振で膨大な負債を抱えての倒産に至った。あるいは昨年8月に安徽《あんき》省蕪湖《ぶこ》市の「蕪湖伊麗莎白婦産医院」は411万元（8600万円）以上の負債を抱えていたのに対し、資産総額はわずか40万元であったとされる。

倒産したのは産婦人科医院だけではない。西安市にある「西安慈益医院」「西安光仁医院」、上海の「上海安泰医院」、杭州の「杭州九和医院」、重慶の「重慶多普泰金島医院」等々、大都会においても病院の倒産は相次いで起きている。

このようにして、いまの中国においては人々の外食を支える飲食業のみならず、人々の日常を支えるスーパーマーケット、そして健康な生活を送る上で欠かせない病院に至るまで倒閉潮に襲われる状況となっている。

その背後には失業・減給の拡大によりさらに貧困化が進むなか、多くの国民は外食を控えることで節約に励むのみならず、スーパーマーケットでの生活必需品の購入まで減らしている。さらには多少の病気では病院へは行けない生活を強いられている。

こうした中国国民が何らかの形で総爆発するのは、もはや時間の問題ではないのか。

思いどおりの経済成長をつくる国家統計局の芸当

成長率の水増し分は6％

2025年1月17日、中国国家統計局は2024年の経済成長率を発表した。それは前年比5％増というものだった。

この数字は政府が設定した昨年の成長率目標の「5％前後」にピッタリと寄り添うものであった。言葉を換えれば、毎度おなじみの**中国政府ならではの〝芸当〟**といえた。さらに書き添えれば、国家統計局が苦心して数字をいじったことの結果なのである。

筆者に言わせると、結局、国家統計局さえ頑張ってくれれば、経済はいつも政府の思いどおりに〝成長〟するものなのだ。

それでは実際、昨年の中国経済はどうであったのか？　恒例となった中国財政部（財務省）が出した税収額をチェックしてみたい。

財政部は自らが税収額について水増ししていたら、後になってそれに基づく予算を組まなければならない立場である。だから財政部はそう簡単に〝ウソ〟の数字を出せない。したがって財政部が出した税収額には一定の信憑性《しんぴょうせい》があり、中国経済の実態を知る一つの〝物差し〟となる。

現時点で財政部が公表したのは昨年（24年）1月から11月までの税収数字である。12月分が欠けているとはいえ、その数字を見れば、昨年の中国経済の伸長度合いが全体的に把握できるはずだ。

財務省が公表した数字はこうなっていた。昨年1月～11月の全国税収総額は、一昨年（23年）同期比で3・9％減。内訳は以下のとおり。国内増値税4・7％減。企業所得税2・1％減。個人所得税2・7％減。

ここで国内増値税について説明をすると、企業がつくり出した付加価値に対して政府が徴収する税のことで、中国の税収では最大のものとなっている。これが4・7％減となったのは当然ながら昨年、中国国内企業の生産活動がかなり軟調で、利益も得られなかったことを意味する。

「企業所得税2・1％減」という数値も同じ意味合いを持っている。さらに「個人所得税2・7％減」も当然、昨年1年間、国民の所得は増えることはなく、むしろ減っていることを表している。

ここまで数字をたどってくると、大きな疑念がわき上がってくる。昨年の11月までの全国の税収総額が約4％減で、企業の付加価値も所得も、さらには国民所得までがすべて数％減を勘案すると、これがなぜ昨年全体の中国経済は前年比5％増になり得るのか。

これに対する答えは唯一つしかない。**そんなことはできるはずもない**。中国経済の前年比5％増、GDP成長5％は単なる〝つくり話〟ということである。

さらに言えば、昨年の中国で全国の税収、企業所得、個人所得も全部マイナス成長だったのであれば、同じ年の中国経済は当然ながらマイナス成長だと考えるべきであろう。数％のマイナス成長だったのであろう。これが中国経済の実態である。

先に筆者は、中国の経済学者である高善文氏が公の場で、「中国政府公表の経済成長率にはいつも3%程度の水増しがある」と発言し、大きな波紋を呼んだことを紹介した。いまになって考えてみれば、高氏も国内の経済学者なので、政府に遠慮して現実の半分しか言えなかったのかもしれない。本当のところ、中国政府による成長率の水増し分は高氏の言う3%の倍、6%なのだろう。

つまり、政府が発表した昨年の経済成長率が5%前後ならば、そこから6%を引かねばならない。すると、2024年の中国経済はマイナス1%成長という数字が浮かび上がってくる。

中国の国家財政を支える非税収入急増の現場

財政収入の20％以上を占めた民間資産の没収

２０２５年1月24日、中国財政部（財務省）は前２０２４年の財政収支を発表した。それによると、昨年1年間、全国の増値税収入は前年比で３・８％減、企業所得税収入は０・５％減、個人所得税収入１・７％減、印紙税収入は９・５％減。

財政部が公表したこの一連の税収減からは、まず中国国家統計局が公表した「２０２４年成長率が５％」はまったくのウソであることがわかる。

しかしその一方、同じ財政部の税収数字によると、上述の各主要項目の税収が軒並み減っているなかで、一般財政収入はむしろ１・３％増となっている。

主要項目の税収がことごとく「減」となっているなか、どうして全体の財政収入が増えているのか。その謎の本丸は**「非税収入」**にある。

財政部の発表では、昨年1年、「非税収入」は4兆4730億元であって、全体の財政収入の何と20％以上を占めていた。そして前年比では何と25・4％増となった。

結局、昨年の中国の国家財政を支えたのはまさに「非税収入の急増」であった。しかしながら財政部はその内訳の明細を公表していないことから、「非税収」のなかで一体どのような形態の収入が急増したのかがよくわからないのである。

本来、国家の非税収入の最大収入源の一つである国有地譲渡収入は前年比でむしろ16％減となっていた。ということは、中国政府は結局、公表していない別のところで「非税収入」を大幅に増やした以外にない。そういうことになる。

そして中国国内では「公開の秘密」としてよく知られるのは、その隠された政府の収入源の一つとして、**「罰没収入＝罰金と没収金収入」**というものがある。つまり警察や税務署、あるいは市場管理、都市管理、衛生管理にあたる政府部門が企業や個人に対して罰金を科すことによって、あるいは民間の資産を没収することによって得る財政収入である。

要するに、国家権力が民間を〝略奪〟することにより国家財政を維持していくということだ。この「罰没収入」が国家の財政収入全体に占める割合は〝不明〟である。とはいえ、ネットでは一部、各地方政府による「罰没収入」の実態が暴露されている。

例えば江蘇省の各都市を例にとってみると、蘇州市の昨年の「罰没収入」はその財政収入の45・9％を占め、鎮江市のそれは22・8％。一番凄かったのは塩城市の場合だ。「罰没収入」が全体の財政収入に占める割合はなんと81・45％を占めた。

必ず地方政府の矛先は日系企業へと向かう

一地方の財政収入の8割以上が、民間企業や民間人に対する罰金や資産没収により賄われている実態は、世界の歴史上、中国の歴史上においてもまさに前代未聞の大珍事であろう。

その背後に横たわるのは当然ながら、不動産バブルの崩壊と経済全体の大恐慌が襲ってきているなか、中央政府も地方政府も財政維持のためになりふり構わず〝**民間収奪**〟に走る以外に道はない。そうした深刻な事情に他ならない。

そのなかで民間企業や民間人を大変苦しませている悪政の一つが前述した「乱罰金」という現象である。民間企業だけでなく個人に対しても「罰金」を取っているのだ。

各地方政府は警察や税務署、および各管理部門を総動員し、民間人や民間企業に対して、あらゆる口実をこじつけて罰金を乱発するのである。

全国でも話題となったいくつかの「乱罰金」の実例を挙げよう。

遼寧省の農村地帯では昨年12月、一人の老人が自身の土葬用の棺桶を購入する資金がなく、自分でそれをつくった。そこに地元の生態管理局の役人が介入してきて、条例違反の理由で5万4000元（約112万円）の罰金を科した。

たしかに、いまの中国各地では土葬禁止の条例があることから、当該老人の行為は「条例違反」と言えなくもない。けれども貧困地域の遼寧省の農村で、一老人に対して通常年収を上回る罰金を科すのはどう考えても「乱罰金」の謗《そし》りを免れない。

あるいは昨年1月に、上海でこんなことが起きた。市内を自家用車で走らせていた市民が交通警察から、「車体不潔」を理由に200元（約4万1000円）の罰金を科された。

四川省普洛県においては、地方政府があまりにも奇抜な「罰金条例」を施行し始めたことで、全国で一躍有名になった。

その条例によると、「県内の住民が〝不潔な私生活〟を送った」という政府にはまったく関係のない理由で、罰金の対象となったのだ。

自宅リビングルームを汚したままで掃除をしなかった場合には罰金10元。地面にしゃがんで食事をした場合には罰金20元。食後の台所がきちんとか片付けられていない場合には罰金10元など、抱腹絶倒の罰金条例が実在しているのだ。

２０２３年6月、福建省福州市で発生した「乱罰金事件」は全国で波紋を呼んだ。一人の老人が田舎の畑から35キロのセロリを買い取り、都市部の自由市場で販売し14元の利益を得た。そこに「市場監視管理局」の役人がやってきた。当該セロリを検査し、基準を超える農薬が付着しているのを発見した。そこで役人は何と10万元（約２００万円）の罰金を科した。

この事件は「狂気の略奪乱罰金」の最たる例として由々しき問題となったわけである。それでも地方政府による財政維持のための乱罰金がどれほどひどいものになっているかが、おわかりいただけたのではないか。

中国の歴史から見ても、政治権力がそこまでに民間に対する収奪に走ることになると、それは往々にして王朝の〝末期的症状〟であり、王朝崩壊の前兆でもあろう。「乱罰金」により各地の民間企業がより一層萎縮して経営意欲も投資意欲も失っていくこととなるが、それはまた経済の衰退と地方の財政難に拍車をかけ、さらなる「民間収奪」を招くことになる。

こうした悪循環のなかでは経済が崩壊する一方において民間の不平不満が高まり、中国社会の大爆発はもはや時間の問題と思われる。

他方、このような「乱罰金」は日系企業を含めた外国企業にとり深刻な問題となるのは確実である。各地方政府は国内企業や民間人に対する「乱罰金」を一通り実行し、収奪をし尽くしたら、その矛先は当然ながら外資企業へと向かう。

米系企業にはトランプの威光がちらつくことから、あまり手出しはできないとなれば、〝お人好し〟の日系企業は絶好の標的となること請け合いであろう。ぜひ中国からの撤退を急ぐべし。こう申し上げておこう。

昨対で4分の1以上も減った外資投資額

2025年2月9日、中国国家統計局は本年1月の全国生産者物価指数（ＰＰＩ）を公表した。前月比0・2％減、前年同月比では2・3％減であった。

これで中国のＰＰＩは28カ月連続減となった。これはまさしく典型的なデフレ現象で、中国経済が依然として大不況のまっ只中に放置されていることを明示している。

中身をチェックしてみよう。たとえば石炭産業のＰＰＩは前月比で10・1％減、化学製品生産業のＰＰＩは４％減、自動車産業のＰＰＩは３・１％減など主要産業のＰＰＩは軒並み下がった。

知ってのとおり中国の場合、電力供給の主力はいまだ石炭が占めている。石炭が売れていないことイコール、電力が振るわない。イコール製造業が振るわないことを示した格好だ。

ＥＶ含めて自動車産業のＰＰＩも萎《しぼ》んだ。いまの中国車は安さのみが取り得なのだが、そのうえでの販売競争激化が祟り、出荷価格が下落し続けている。

製造業がこのような苦境にあえいでいるなか、中国経済の支柱となってきた不動産産業にまったく光明を見ることはできない。

残念ながら、不動産産業の生存基盤である不動産市場そのものがいまだ崩壊途上にあるからだ。

２月５日、中国指数研究院の公表によると、本年１月の中国「百強房企（国内デベロッパー・ベスト１００）」の売上総額は２３５０・３億元。前年同月比16・５％減であった。これはその１年前の一昨年１月と比べると30％超の減少であった。本年１月の不動産販売状況はなかば死に体と言って過言ではない。

中国経済の内情がここまで切羽詰まっている以上、外資への依存は高まらざるを得ない。実は昨年1年間、外資による中国投資額の後退は顕著であった。

1月17日の商務部発表によると、昨年1年間に中国が獲得した外資投資額は8962・2億元、前年比でなんと27・1%減という惨憺《さんたん》たるものとなった。これは中国がすでに外資に対する吸引力、魅力を確実に失い、敬遠されていることを物語っている。

筆者が諸々の事実をあげつらわなくとも、2025年の中国経済の細り方が加速度を増すのは確実であろう。

第5章

習外交と愛国主義

国連を舞台に超大国の領袖を目指してきた習近平の蹉跌

アピールし続けてきた人類運命共同体の構築

2024年9月22日から25日にかけて、年に一度の国連総会がニューヨークで開催された。先進7カ国の首脳がそろって出席した以外に、インドと豪州の首相、ベトナム国家主席、ブラジル大統領、トルコ大統領、イラン大統領、ウクライナ大統領など130カ国以上の各国首脳が出席した。総会以外にも日米豪印首脳会談や米越首脳会談など活発な首脳外交が展開されて、総会はまさに年に一度の国際政治の大舞台となった。

さらに昨年の総会の特別イベントとして「未来サミット」が開かれた。これは、地球規模の課題への対応に必要な国際協力を話し合うための会議である。課題解決への国際社会の具体的な行動指針を示した成果文書「未来のための協定」が採択された。

こうしてみると、昨年の国連総会は近年のなかではとりわけ重要な意味を持つ会議であった。

他方、二つの主要国の首脳の不在が目立っていた。一人はロシアのプーチン大統領、もう一人は中国の習近平国家主席だった。プーチンの場合、ゼレンスキー大統領が主役の一人となる国連総会に出席しにくいことと、戦争犯罪人とされている立場から出席しないのは想定内であった。だが、一方の習主席の欠席は意外で、「どうして出席しないのか？」との疑問が呈された。


実は習近平主席は中国の独裁者であることに満足せず、一貫して「世界を引っ張っていく超大国の領袖《りょうしゅう》」を目指し、それを国内外に向けて演じてきた。そのために彼は、「人類運命共同体の構築」という理念もどきの主張を打ち出し、これをもって世界全体の方向性を導こうとしてきた。

これまで彼が自らの「人類運命共同体理念」をアピールし、超大国の領袖を演じて見せる大舞台の一つが国連会議であった。2015年9月の国連総会に出席した習主席は、「心を一つにして人類運命共同体を構築せよ」と題する演説を行ない、国際社会に向かって自らの「共同体理念」を売り出そうとした。2017年1月にはジュネーブの国連欧州本部で演説したが、演題はそのまま「人類運命共同体を共同で構築する」であった。

2020年9月、習主席はまた、国連創立75周年記念サミットでオンライン演説を行ない、再び「人類運命共同体」を唱えた。そのとき中国の国連大使は何と、「習主席の演説は国連の未来に方向性を示した」と、あまりにも厚顔無恥のゴマスリを行なった。そして2021年9月、習主席がオンラインで参加する国連総会で、「人類運命共同体構築論」を全地球に対する提言として展開した。

この一連の経緯から見ると、いわば「人類運命共同体の構築」たる代物こそは、習近平の「世界領袖（自称）」としての最大の売り物なのであろう。ならば本来、地球全体の未来を話し合う昨年の国連「未来サミット」こそ、習主席にとっては自らの理念を高らかに〝吹聴〟する絶好の機会ではなかったのか。

習近平のための檜舞台だったにもかかわらず、これを放棄して国連総会に参加しなかった。

習主席不在の国連総会で袋叩きとなった中国

昨年の国連未来サミット欠席は、習主席には不本意なことではあったに違いない。こうなったことの原因の一つはやはり、彼が提唱する「人類運命共同体構築」の理念そのものが国際社会ではほとんど見向きもされなかったことにあろう。

現状はむしろ逆で、世界の主要国のなかでは習近平の中国は、人類運命共同体にとり脅威であるとの認識が定着しつつある。そういう意味では、昨年の未来サミットの習近平の欠席は、彼が身の程知らずにして唱えてきた「人類運命共同体理念」の〝破綻〟を象徴する出来事であると筆者は捉えている。

その一方、前回の国連総会の場で中国は批判、糾弾《きゅうだん》の対象となった。ウクライナのゼレンスキー大統領が国連の演説で、中国とブラジルが共同で出した「平和案」を厳しく批判した。それに先立ち開催された前述の未来サミットにおいては、中華民国（台湾）と国交を結ぶ国々の首脳らが国連システムへの台湾の有意義な参加などを相次いで訴えた。要は習近平不在のなか、中国が多方面からの攻撃にさらされ、袋叩きの憂き目にあったわけである。

そして未来サミットで採択された「未来のための協定」にはまた、安保理改革の行動指針として「開発途上国や中小国の代表を増やす」ことと、常任理事国の拒否権について「範囲と行使の制限に関する議論も含め、今後の拒否権について合意に達するための努力を強化する」という文言が盛り込まれた。

それは、安保理五大常任理事国として常に国連を私物化している中露にとっては大変不本意だが、それが採択されたことは中国にとっても大変な痛手であった。

このようにして国連総会と未来サミットから逃避した習近平は、結果的にこの国際会議での〝不戦敗〟を喫するハメになった。それは、世界の領袖になろうとする自身の野望の頓挫《とんざ》であると同時に、国際社会における中国の存在感と影響力の低下を示しているのである。

習近平の〝紅衛兵〟が跋扈する中国

国慶節にスイスと台湾で発生した中国人男性による暴力事件

2024年10月1日、スイスにおいて中国人による児童襲撃事件が起きた。チューリヒ市の路上で、職員とともに保育園に向かっていた5歳の男児3人を、23歳の中国人男性が鋭利な凶器で襲い、怪我をさせた。子供3人のうち、1人が重傷を負った。犯人は直ちに取り押さえられ、直後に警察に逮捕された。

その後、同事件に対する警察の公式発表がないため、詳細は不明のままだが、ここにきて少しずつ犯人の人となりがわかってきた。

スイス国内メディアが「犯人はチューリヒ大学の大学院修士課程に在学中の中国人留学生」と伝えた。同時期に同大学長がそれを認めた。

他方、中国語のSNSでは早速、犯人を捜すためのいわゆる「人肉検索」が始まり、犯人の素性が部分的に明らかになってきた。名前は樊宇豪《はんうごう》。中国西南大学を卒業後にスイスに留学した。

彼はSNSではインスタグラムを多用して、自分のことを「断固とした民族主義者」と称し、愛国主義的言論と西側に対する批判を頻繁に発信していたという。

彼が犯行を行なった10月1日は中華人民共和国の国慶節（建国記念日）であった。犯行に及ぶ直前までインスタグラムに投稿していたことが判明した。

彼は自分が中国共産党と祖国中国のことを「深く愛している」とつづり、中国の国旗と中国軍の勇姿などを被写体とする写真を4枚もアップした。

こうした犯人の素性と犯行直前の彼の投稿内容からすると、筆者には犯行の動機が愛国主義とまったく無関係とは思えない。彼が犯行に選んだ日は紛れもなく、中華人民共和国の国慶節であるからだ。

実は同じく10月1日、台湾の台北市においても、中国人による〝愛国がらみ〟の暴力事件が発生した。

台北中心部の商業地区、西門で香港から亡命した人たちが小規模な抗議デモを行なったところ、中国人グループに暴言を吐かれたり、押し倒されたりした。その後、警察が介入したが、中国人たちは暴行を行なうとき、「台湾も香港も中国のものだ！」と叫んでいたという。3日には、二人の中国人暴行犯が台湾当局により中国に強制送還された。

このように昨年10月1日、遠く離れた無関係の場所であるチューリヒと台北で、中国の愛国主義者による暴行事件が同時に発生した。

昨年9月には、中国国内の深圳市で日本人の男児が男に惨殺された事件があった。満洲事変の発端となる鉄道爆破事件、柳条湖《りゅうじょうこ》事件が起きた「9・18」という日を選んで犯行に及んだことから、犯人の動機が〝愛国反日〟と関連している可能性は極めて高いと思われる。

現代中国を席巻する歪な愛国主義

さらに昨年8月、豪州において中国人による乳児襲撃事件が起きた。

オーストラリア・クイーンズランド州ブリスベン市で、中国人男性が公園で母親に連れられピクニックをしていた生後9カ月の乳児に突然、高温のホットコーヒーを浴びせかけ、その場から逃走したのだ。乳児は全身に重度のやけどを負い、一時は命が危ぶまれる状態だった。すでに4回の手術を受けており、傷跡は一生涯残るとされている。

犯人の中国人は33歳で、２０１９年にオーストラリアに観光ビザで入国後、学生ビザに切り替えており、犯行当時は留学生の身分であった。

犯人は犯行直後にオーストラリアを出国したことから、動機は不明。しかしながら、襲撃の対象が乳児である点を考えると、大人同士のトラブルや怨念からの犯行であるとは考えにくい。深圳やチューリヒでの児童殺傷事件と同根の犯行である可能性は大であろう。


このように短期間のなか、豪州、中国、スイス、台湾と地球の東西南北で、中国人による殺人・殺傷・暴行事件が相次いで起きた。あたかも「世界同時多発テロ」が中国人によって展開されているかのような印象が強い。

そしてそれらの事件の大半は確実に、現代中国を席巻している歪《いびつ》な愛国主義と深い関連性があると思われる。

文化大革命の時代、毛沢東の紅衛兵たちは暴力的な革命思想の下、リンチや殴り殺しがやりたい放題の革命運動を引き起こして、中国全土を恐怖のどん底に陥れた。

それに倣《なら》うかのように、現在の習近平政権の下では戦狼的な愛国主義思想に洗脳され駆り立てられた習近平の〝紅衛兵〟が跋扈《ばっこ》している。現代版の紅衛兵たちは中国国内にとどまらず、国境を越えて世界中に出撃、いわば習近平流の〝愛国テロ〟をこの地球上で展開している。

要は中華人民共和国の狂気の歴史が繰り返されているわけだ。われわれ日本人は文明世界の平和と安全を守るため、とりわけ子供たちの安全と命を守るため、戦狼的中国にどう対峙するのか？　重大な課題を突き付けられている。

中国側のトランプ対策は徹底した自制

習主席がトランプ当選の祝意を電報で伝えた理由

2024年11月6日、ドナルド・トランプの次期米大統領当選確実が報じられ、本人も勝利宣言を行なった。これを受け、中国外交部は北京時間23時30分頃公式サイトにおいて「記者の質問に答える」形で、以下のコメントを発表した。

「われわれは米国国民の選択を尊重し、トランプ氏の大統領当選を祝賀する」

ご覧のとおり、極めて簡潔にして抑制的なものであった。

本来、この時間帯で外交部は記者会見を実際に行なったわけではない。中国外交部は、もともとなかったはずの「記者質問」をわざと設定した上で、それに応える形で祝意を表明した。それは祝賀が遅れることを避けたいための臨時措置であって、中国側がトランプに対し**異様に〝配慮〟している**ことの証拠でもあった。

その一方、祝賀コメントは前述のように必要最低限の短いものにされている。しかもそれは、トランプの当選を歓迎するのでもなく、「米国民の選択を尊重する」という中国の言い方は内心ではトランプ当選を決して喜んでいないことを示唆している。

中国政府は本音としてはトランプの再登場を厭《いと》わしいながらも、この得体の知れない〝怪物〟にはおおいに気遣い、機嫌を損なわないようにしていることがわかる。

翌7日の北京時間の朝、米国のCNNテレビは「習近平主席がトランプ氏に電話で祝意を伝えた」と報じた。日本の一部メディアもそれを援用して「電話会談」と伝えた。

けれども、その日に行われた中国外務省の定例記者会見で、毛寧報道官は「電話会談」を否定した。外国人記者からの「習主席が祝意を伝えたのは電話か電報か」の質問に対し、毛報道官ははっきりと「祝電だ」と答えた。電話会談はまったくの誤報であったのだ。同じ記者会見の場で毛報道官は、「習主席が祝電を送った」と正式に発表した。そして8日の人民日報は一面で、「習主席祝電」の一部内容を報じた。習主席は「中米が協力することで双方とも利益を得る一方、争えば双方が傷つくと、歴史は示してきた」、「中米関係の安定的な発展が、両国の利益になる」と示した。要はトランプに対し、「争わずに仲良くしよう」との意思を表明した。

トランプ当選確実の日、英国・日本・フランス・ドイツおよびEUの首脳らが相次いでトランプと電話会談を行なった。そのなかで習主席のみが電話をかけることなく、直接に会話を交わさない祝電の形で祝意を伝えた。

これは習主席自身、あるいは中国側のトランプ当選に対する〝屈折〟した気持ちの表れではないか。先刻も記したが、本心ではトランプ当選を嫌い、怪物の再登場に戸惑いを感じながらどう対処するかわからないような状態なのだ。それでいて、だからこそ怪物の機嫌を損なうようなことは極力避けたい。まさに戦々恐々の心境であろう。

怪物トランプを刺激してはならない

7日に行われた前述の外交部記者会見の話に戻すと、毛報道官はニューヨークタイムズの記者から「トランプ発言」に関する二つの質問を受けた。

「トランプ氏は中国製品に全面的に関税を課すと発言し、中国が台湾に侵攻することはないとも述べた。中国側はどう思うか？」

それに対して毛報道官は「関税に関しては仮定の質問なので、われわれは回答しない」とコメントを避けた。次に台湾に関するトランプ発言に対しては、中国従来の立場を繰り返した。

「台湾問題は中米関係でもっとも重要、かつもっとも敏感な問題である。中国は米国と台湾のいかなる形の公的な往来にも断固として反対する」

つまり毛報道官はトランプ発言に対し真正面から答えることをせず、トランプに向けての批判を避けていた。関税問題や台湾問題などでのトランプの出方に神経をとがらせながら、**トランプをできるだけ刺激したくない**という中国側の本音を垣間見ることができた。

そして11月8日、新華社通信と人民日報系の環球時報はそれぞれ、トランプ当選関連の「評論員文章」と「社説」を掲載した。双方とも習主席がトランプに祝電を送ったことを受けての論評となっており、習主席祝電の趣旨に沿って米中関係のあり方に関する中国側の立場と見解を似たような角度から論じていた。

そこで大変興味深いことに、新華社通信「評論員文章」と環球時報「社説」がともに、トランプ当選に関連しての論評であるはずなのに、文中でトランプの名前に触れたのは「習主席がトランプ氏に祝電」の一カ所だけであった。

それ以外は、トランプには一切触れず、トランプの対中政策や中国観などを論評することもなかった。とにかくトランプ評価もトランプ批判も一切避けて通っていた。

つまりトランプのことを褒めたくない。一方においては、中国に対するトランプの心証を悪くしたくない、この怪物をできるだけ刺激しないという〝自制〟が中国側に徹底していることがわかる。

この怪物トランプが率いる米国新政権が今後、中国に対してどのような攻勢をかけていくのか。そしてトランプVS習近平でどのような攻防が展開されていくのか、まさに今後の見どころであろう。

トランプ人事にビビって対日姿勢を軟化させた中国

見え見えの中国側の下心

２０２４年11月後半に入ってから、中国の習近平政権は突如、「日本接近」ともいうべき一連の行動に出た。

まずは19日、中国軍機が昨年8月に日本領空を侵犯した問題で、中国政府が日本領空に入った事実を認めた。その上で、「気流の妨害による不可抗力だったと説明してきた」ことを日本政府は明らかにした。

加えて中国政府は「領空侵犯の意図はなかった」とし、「再発防止に努める」ことを表明した。

知ってのとおり侵犯事件の発生以来、日本政府が事情説明を求めていたことに対し、中国政府は一貫して無視と拒否の態度を取ってきた。だが、ここにきて一転、一方的な弁明に努めるだけでなく再発防止まで口にするとは、まさに驚くほどの姿勢の〝軟化〟であった。

そして22日、中国外務省は定例の記者会見で、日本を含む9カ国に対して短期滞在のビザを免除する措置を11月30日から実施すると発表した。それもまた、日本政府と財界が中国側に再三求め続けてきたことであったが、中国政府はようやくこの求めに応じた。

翌23日には、中国が日本の排他的経済水域（ＥＥＺ）内である沖縄県・尖閣《せんかく》諸島の北西に設置したブイに関し、ＥＥＺ外に移動させる意向を水面下で日本側に伝えてきたことが判明した。

一昨年7月に日本側がブイの設置を確認してから何度も撤去を求めてきたが、案の定中国側は完全無視の態度を取り続けた。それを覆《くつがえ》して、移動の意思を伝えてきたのはやはり、中国側の対日姿勢急変の表れだと見るべきであろう。

以上のように11月後半に中国政府は日本に対し、融和姿勢を示すような措置を集中的に打ち出してきた。その背後に何かあるのか？

これを解くカギの一つはやはり、次期米大統領に決まったトランプの一連の動きではないか。

米国の新政権の対中姿勢と布陣は、中国をまさに心胆を寒からしめるものであっただろう。その対処策は習政権の最重要課題に浮上してきたと言っても過言ではない。だからこそトランプが次章で後述するような重要人事を固めた直後に、中国政府は大急ぎで日本接近を図ってきたわけである。

わかりやすいと言えば、それは実にわかりやすい。トランプという強敵が現れてくる前に、それを牽制するつもりで日本との関係改善をせねばならない立場に、習政権は追い込まれてしまった。

したがって日本政府はこうした**中国側の〝下心〟**を見据えて対処しなければならない。トランプ政権と緊密に連携し、中国の膨張をくい止めておくことこそが日本の国益にかなうのである。

中国高官とその家族を震え上がらせた台湾紛争抑止法

露呈した中国共産党政権のアキレス腱

2024年9月9日、米議会下院は、「台湾紛争抑止法」という法案を全会一致で可決した。

中国が台湾へ侵攻した際、中国高官が世界中に持つ不正資産の公開や、本人やその家族による米金融システムへのアクセス遮断、資産凍結などの制裁措置が盛り込まれている。

共同提出者の一人であるフレンチ・ヒル米下院議員は法案の目的について、こう語った。

「法案は中国共産党に次のことを知らせようとしている。台湾を危険にさらしたら、彼らの財産状況が中国公衆の知るところとなる。同時に、彼らとその親族は厳しい金融制裁を受けるであろう」

つまり前述法案は法律として成立すれば、中国共産党政権が台湾侵攻に踏み切った場合、中共幹部とその親族たちの米国での隠し資産が白日の元にさらされるだけでなく、その資産が制裁の対象となって凍結・没収される可能性もある。そして、これをもって中共政権の台湾侵攻を阻止するのがまさに本法案の狙いだ。

当然ながら、中共政権に対するきわめて威力のある戦争阻止法案となろう。中共政権を支える高官たちの大半が米国に隠し資産を持っていることは国内では公然の秘密。それが米国の法律により凍結・没収される危険性が生じてくると、共産党幹部集団には死活問題となるに違いない。

振り返ってみると、２０２１年7月26日、中国の謝鋒《しゃほう》外務次官（当時）は中国の天津でシャーマン米国務副長官（当時）と会談を持った。そのなかで謝次官は、「やめて欲しいことのリスト」を米国側に手渡したことがわかっている。そしてリストの筆頭に書かれていたのは、「中国共産党員とその親族に対する入国ビザの制限をやめてほしい」であった。

つまり中共の幹部たちは米国に虎の子の財産を持つことから、彼らとその親族の米国入国に対する制限は政権全体にとっての大問題に浮上してきたわけである。このことは逆に、中国共産党政権の〝アキレス腱〟がどこにあるのかを暴露した格好となった。

考えるべき日本版台湾紛争抑止法の制定

そうなると、この台湾紛争抑止法案が法律として成立した暁《あかつき》には、軍幹部を含めた中国共産党政権の高官らは、自分たちの財産を守るために習主席の企む「台湾併合戦争」を内部からあの手この手を使って妨害、阻止しなければならない。それはまさしく同法案の〝狙う〟ところといえよう。

ひるがえって習主席と習政権は大変な窮地に立たされることとなる。台湾併合を強行すれば、軍幹部を含めた共産党政権の幹部集団のほぼ全員を敵に回してしまう。さらに彼らによるさまざまな形での妨害を受けることも予想される。極端な場合、幹部たちの集団的反乱を招く可能性もある。習政権の企む台湾侵攻はかなり難しくなる。

実は、法案可決直後の9月13日、北京で開かれた安全保障分野の国際会議「香山フォーラム」で、中国側の発言に重要な変化が生じていた。

董軍国防相が開幕式で行なった基調演説で、各国との相互尊重や平和共存を強調する一方、台湾について一言も触れなかったのだ。

それは、昨年の同フォーラムの際、中国軍制服組トップの張又俠が同じ基調演説で、「台湾を中国から引き離すことを中国軍は絶対に許さない」と厳しい口調で「台湾併合」への決意を表明したのとはかけ離れていた。

一方、台湾側は法案の可決を大歓迎している。以下は台湾外交部（外務省）の林佳龍《りんかりゅう》部長（外相）の弁。

「このような法律により、われわれは中国共産党の拡大をより明確に阻止し、インド太平洋地域の平和、特に台湾海峡の安定と安全を守ることができる」

同法案の法律化を含めて、いかにして台湾有事を未然に防ぐのかが、引き続き国際社会にとっての重要課題である。日本としても「日本版台湾紛争抑止法」の制定を考えるべきであろう。

第6章

中国と手を携えた「売国・石破政権」への怒り

岩屋外相の訪中調整がさらけ出した石破首相の外交音痴ぶり

トランプ新政権でそろい踏みした対中強硬派三羽ガラス

2024年11月24日に国内の各メディアが報じたところによると、岩屋毅外相は早期に中国を訪れ、王毅共産党政治局員兼外相と会談する方向で調整に入ったと、政府関係者が明らかにした。訪中は最速で年内を想定しているとも報じられた。

本来、重要隣国の中国と国交を結んでいる以上、日本の外務大臣の訪問については取り立てて問題視することもない。だが、年内というタイミングでの中国訪問。しかも岩屋大臣という人物による訪問は、下手をすると日本にとんでもない外交的災難をもたらすかもしれない。そこに問題があった。

それを理解するためにはまず、米国のトランプ次期大統領が発表した一連の閣僚人事を通して示した「対中姿勢」を見てみよう。

まずは11月11日、米国メディアは関係者の話として、大統領就任前のトランプ氏がマイケル・ウォルツ下院議員に国家安全保障担当大統領補佐官を打診したと報じた。陸軍特殊部隊グリーンベレー出身のウォルツ氏はまさに対中タカ派として知られるが、彼の起用は後になって正式に発表された。

そして13日には、外交を担うトップの国務長官に、南部フロリダ州選出の上院議員であるマルコ・ルビオ氏を起用すると発表した。前述のウォルツ同様、ルビオもまた対中強硬派として勇名を馳せる。中国の脅威にさらされる台湾を支援する姿勢を一貫して鮮明にしている政治家である。

こうしてトランプ政権は、安全保障と外交担当の主要ポストに対中強硬派の二人を据えることになった。

さらにトランプ政権のヴァンス副大統領もまた、バリバリの対中強硬派として名をとどろかせている。言ってみれば、「副大統領＋国務長官＋大統領補佐官」という対中強硬派三羽ガラスである。トランプ政権が中国と全面的に対決していく決意であることがうかがわれよう。

もちろんそれは、中国の習近平政権にとっては〝悪夢〟の到来を意味する。米国政権にどう対処していくのかは、習政権にとっての緊急課題に他ならない。

だからこそ、昨年11月にトランプが前述の重要人事を固めた直後に、中国政府は日本側に対し、接近を図ってきた。

過去の中国軍機による領空侵犯事件について弁明したり、日本人に対する短期入国ビザの免除を行なうなど、露骨な〝懐柔策〟をとった。

トランプ次期政権という強敵が現れてくる前に、日本との関係改善を急がなければならない立場に、習政権が追い込まれたからであった。

首を傾げざるを得ない石破政権の判断

こうしてみると、「岩屋外相の年内訪中」はまず、訪中を招待した中国側の外交策略であったと断定できよう。要するに2025年1月にトランプ政権がスタートする前に日本を籠絡《ろうらく》、出足からトランプ政権を牽制し、日米連携に楔《くさび》を打ちたいのがその思惑であった。

つまり、そうしたタイミングでの外相訪中は、まさに中国の策略による、中国のための訪中であった。一方、日本側がとったこの外交行動は、それこそ日本外交の要である対米外交に大きな悪影響を及ぼすかもしれない、深刻なリスクを負うものであった。

どう考えても、船出したばかりの石破政権の判断には首を傾げざるを得ない。

トランプは前述のように、最強の対中国強硬派チームを政権の中枢に据えて、本年1月に就任してからは本格的な対中国攻勢に打って出る構えであった。

ところが、その直前に日本の外相が同盟国の米国を訪問するのではなく、よりによって中国を訪問するとは何事か。こうした展開は噴飯物ではないか。トランプ大統領と政権の閣僚たちにとって決して愉快なことではない。

これを重く考えれば、「1月スタートのトランプ政権が対中国攻勢に出る前に、日本の**石破政権は習近平に〝助け船〟を出すために外相の訪中を急いだ**」とも受け取られかねないのだ。

石破首相との会談を断った一件からしても、トランプは石破首相に対してある程度の〝不信感〟をすでに抱いていると推測できよう。

もし岩屋外相の年内訪中が実現し、そして接待側の中国政府の思惑によって〝日中友好ムード〟が演出されるようなことになれば、おそらくトランプ次期大統領は、それこそ石破政権の裏切りであり、石破政権に対するトランプ陣営の疑心暗鬼はもはや決定的なものとなったであろう。

その後、昨年11月18日に米司法省は、中国企業「500ドットコム」（現ビット・マイニング）の潘正明《はんせいめい》・元最高経営責任者（CEO）を海外腐敗行為防止法違反で起訴した。この潘元CEOは日本のIR事業進出をめぐり、日本の国会議員らへの賄賂や接待攻勢を行なっていた

その収賄側の一人として岩屋外相の名前が挙がったのだが、同氏はその疑惑を完全に払拭できなかった。このことは事態をより一層複雑化させ、石破政権に対するトランプ政権の不信感をさらに高める効果を持つのに違いない。

それでは日米関係はうまくいくはずもないし、日米同盟に大きな亀裂が生じてくる危険性大。当然ながら、それは**日本の安全保障と国益にとってのマイナス**以外の何物でもない。

それでも岩屋訪中を推し進めた石破政権の外交音痴にはもはや閉口する以外にないが、このような政権の存続自体、日本に災厄をもたらすのではないか。

日本外務省側が隠蔽した第7番合意事項の内容

不可解な日中外相会議後の公式発表の齟齬

その後、昨年12月25日、北京訪問中の岩屋毅外相・あべ俊子文部科学大臣は中国の王毅外相らとともに「第2回日中ハイレベル人的・文化交流対話」に出席した。年内のうち会議における双方の合意内容が日中両国政府により発表の運びとなった。

まず中国政府のほうは「中日ハイレベル人的・文化交流の10の合意事項」を公表した。そのなかで日本国内で大問題になったのは7番目の合意事項。中国語の原文をそのまま訳せば、次のとおりとなる。

「第7にメディア・シンクタンク交流・協力を強化し、両国間関係において積極的な役割を発揮し、民意と世論の改善に注力する。双方が新メディアの交流・協力を展開することを支持し、ポジティブなエネルギーを持つ両国のSNS創作者の相互交流を奨励する」

それに対し日本側（外務省）の正式発表は「1・双方外相の冒頭発言」「2・総論」に続き「3・具体的な協力の方向性」として9つの確認・合意事項を発表した。

そのうち前述の中国側発表の「第7の合意事項」に対応するのは、外務省発表の下記のものであった。

「（7）日本側から日中外務報道官協議の早期開催に期待を示すとともに、双方は民間主催のメディア交流を再活性化させることを確認した」

ここで問題となっている7番目の確認・合意事項に関し、まず指摘しておくべきは、日中双方の発表にあまりにも〝大きな違い〟があることだった。端的に記せば、中国側の発表にあった合意内容の大半は、日本外務省の発表から抜けていて、「民間主催のメディア交流を再活性化させる」の一言のみであった。

双方の確認・合意事項にもかかわらず、なぜ双方の公式発表にこれほど大きな違いが生じてしまったのか？

その際、一つの可能性として考えられるのは、中国側が合意に至らぬ内容を日本側が勝手に「合意した」と発表したことだ。それもなきにしもあらずだ。ただし、今回の場合はそれには当たらない。

仮に中国側が双方とも合意していない内容を勝手に合意事項として発表したのであれば、日本側は当然それに抗議して訂正を求めなければならない。しかし、それが発表されてから日本政府は、抗議も訂正要求もしていない。

つまり日本政府は中国側の発表を事実上認めたわけで、第7番目の合意事項は、確かに「日中間の合意事項」であるに違いないのである。

政権権力によるメディア誘導と民意の操縦を呼び掛けた王毅外相

そうであるならば、日本の外務省はどうして、双方の合意事項の大半の内容が抜けたような発表をしなくてはならなかったのか。このような〝不細工〟な形の発表になってしまった要因は何なのか。

そんな疑念を呈した筆者は考えをめぐらせてみたが、どうやら非があるのは中国側ではなく、残念ながら**日本の外務省のほうが意図的**なのだろう。つまり双方の合意事項の内容を〝国内向け〟に覆い隠そうとしたのではないか。

自分たちが中国側と合意した内容を隠蔽するのは、すなわち日本政府は前述の合意事項は人の目に触れては憚《はばか》られることを知悉《ちしつ》していたからに他ならない。そう解釈したほうが自然なのである。

このとんでもない「第7の合意事項」の内容にどのような問題が含まれているのか。それを解説する前に件《くだん》の「ハイレベル交流対話」の冒頭における中国・王毅外相の発言を振り返る必要があろう。王外相はメディア・民意についてこう語った。

「健康なる民意の環境をつくり出さねばならない。そのためには両国のメディアを正しい方向へと導く必要がある」

王外相はここでメディアを「正しい方向性」へ「導く」ことの必要性を語り、それをもって「民意環境をつくり出す」ことを訴えた。だが、そんなものは共産党政権にとっては当然で、共産党独裁政権の〝発想〟そのものだ。つまり、世論も民意も政治権力がつくり出さなければ、一党独裁の世の中などできはしない。

ここで王外相は厚かましくも、日本に対して**政権権力によるメディア誘導と民意の操縦**を呼び掛けたのであった。いや、これは王外相は指示をしたつもりだったかもしれない。

きわめて残念かつ危険なことに、王外相のこの呼びかけはそのまま日中両国間の「第7番目の合意事項」に反映され、民主国家であるはずの日本政府は中共独裁政権の考えとやり方をそのまま〝受け入れた〟格好となった。

民主主義の破壊者となった石破政権

合意事項に入り込んだ中国独特の政治用語

ここではもう一度、中国側が発表し、日本側が事実上承認した「第7番目の合意」の内容に戻りたい。

「第7に、メディア・シンクタンク交流・協力を強化し、両国間関係において積極的な役割を発揮し、民意と世論の改善に注力する。双方が新メディアの交流・協力を展開することを支持し、ポジティブなエネルギーを持つ両国のSNSの創作者の相互交流を奨励する」

問題はこの内容である。ここで注目すべきは、「民意と世論の改善に注力する」ことだ。これは両国政府間の合意事項であるから、当然ながら、「民意と世論の改善に注力する」

ところの主体は政府に他ならない。マスコミではない。

要するに、両国政府はそれぞれの国内において**「民意と世論を変えていくこと」**に合意しているわけである。中国の場合、独裁政権だから当然であって、むしろ毎日のように民意と世論の〝操縦〟にいそしんでいる。

ところが、これがこと日本政府との合意事項となると、今後の日本政府は中共独裁政権に倣って、日本国内のメディアを誘導して政治権力の思う方向へ「民意と世論」を操ることになってしまう。

それは民主主義国家の政府が絶対に行なってはならないことだ。民主主義そのものに対する破壊行為である。

中国とこのような合意を成した石破茂政権は、筆者にしてみれば、すでに超えてはならない一線を超え、民主主義の〝破壊者〟のように映ってしまう。

もう一つ「第7番目の合意事項」における次の内容にも注目してみたい。

「ポジティブなエネルギーを持つ両国のＳＮＳ創作者の相互交流を奨励する」とある。ここでの「ポジティブなエネルギー」の中国語の原文は「正能量」である。実はこの正能量という言葉こそ、最大のポイントといえる。

中国語の「能量」という単語はエネルギーにあたる。そして合意事項に刻まれた「正能量」の本来の意味は、「プラスになるエネルギー」である。ところが、いまの習近平政権の中国においては特殊な〝政治用語〟となっている。習近平や人民日報の愛用語と言っても過言ではない。

「正能量」の政治的な意味合いとは、中国共産党政権や中華民族に対する**「賛美・肯定」**である。このような性格を帯びる言論や行動は、中国のなかでは「正能量だな」と高く評価される。逆に、中国政府や中国を否定・批判する言論や行動は「負能量」として排斥されてしまうのだ。

これらの政治用語を仮に日本の外務省が理解していなかったとすれば、恐ろしい話としか言いようがない。もしそうならば、外務省に有能な中国語の使い手、専門家がいないことを露呈しているようなものである。

こうしてみると、日中両国政府の合意事項のなかに、このような中国独特の政治用語が入り込むことの意味は実に重大である。それに合意することにより日本政府、すなわち石破政権は**事実上、中共独裁政権と結託**している。しかも民主主義の原則を破壊した上で、日本の国内世論と民意を中国共産党政権の望む方向へと誘導・操縦しようとしていると思われても致し方ない。

日本の最後の言論空間SNSを中国に売り渡すな！

もう一つ留意すべきなのは、合意事項にあった「ポジティブなエネルギー（正能量）を持つ両国のSNS創作者の相互交流を奨励する」という点であろう。

つまり、中共政権はこれから日本政府の協力の上、日本国内で活動する中国寄りのSNS創作者（発言者）、あるいはこのような潜在的可能性を有するSNS創作者を大量に中国訪問に向かわせるように動く。そして彼らに交流という名の〝洗脳教育〟を施す。さらに何らかの利益供与を通して、こういう人たちを徹底的に籠絡する。

最終的には中共政権の宣伝要員・宣伝道具として日本国内で活躍させる。それこそが、日本の世論と民意を中共政権の望む方向へとつくり変えていく。

すでに中共政権はある程度、日本の新聞やテレビといった既成メディアの〝取り込み〟

に成功したのではないか。そう筆者は考えている一人である。

かつて頻繁に出演していたテレビやラジオ番組から筆者が徐々に疎遠となってきたのも、その背後に中国共産党の働きかけがあったと思われるからだ。

筆者はじめ日本に住み着いて自由自在に中共批判をする言論人は、SNSの世界に〝活動の場〟を移した。SNSは組織ではないことから、みな制約なく本音を語れるからだ。

だが、ここに来て中国共産党はいまの日本のなかで唯一、中共批判ができるSNSにまで触手を伸ばし、それを操ろうとしている。

もし中共の企てが成功すれば、自由な言論空間は日本からなくなってしまう危険性すらある。

こうして石破売国政権は、日本の言論の自由と言論空間を中国共産党に売り渡そうとしている。

特別コラム

私の国政挑戦宣言

　ところで本日は令和7年2月11日、建国の記念の日。日本国の誕生日にあたり、謹んで我が国の安泰を祈念する次第です。

　このような大事な日に筆者より重大な決意を表明したい所存です。

　来たるべき参議院選挙において、私石平は日本維新の会から公認の内定をいただき、国政に挑戦することとなりました。

　ここに至るまでの経緯と、私の思いを申し述べたいと思います。

　一つの原点は、1989年6月4日に起きた天安門事件にあります。あの日、神戸大学に通う一人の中国人留学生としてテレビを通して、私たちの仲間が中国共産党政権に惨殺されていく場面を目の当たりにしました。そこには、おのれの出身国に幻滅し、中華人民共和国に決別を告げた私がいました。

　以来、留学生活を続けた私は、毎日の勉学および日常を通して、次第に日本的なものに目覚め、染まっていきました。

　さまざまな形で日本の歴史、文化、伝統を学ぶなか、自分は日本の皇室・神道を核とする穏やかな教えに大変な敬意を抱くようになります。

しかも、美しくて素晴らしい日本という国にこの上ない愛着心を持つまでに至りました。

そうした心持ちで暮らすなか、私はいずれ日本国民の一員となりたいと願うようになったのは、自然の成り行きだったと存じます。

そして平成19年になり、自分は日本国民になるための準備が整ったと判断した私は、帰化の申請を試みました。大変有難いことに同年11月、晴れて日本国籍に帰化できました。

皆さんと同じように、日本国民の一員となれたのです。私の人生において、これほど幸せで心が打ち震えた経験はありませんでした。

翌年の1月にはかねてより念願だった伊勢神宮参拝に出向き、自分が日本国民の一員となったことを天照大御神に報告させていただきました。

以上、日本国民になるまでの私の心の遍歴を綴らせてもらいました。

他方、平成14年（2002年）1月、私は幸運にも論壇デビューを果たすこととなりました。

当時の中国の江沢民政権が行なっていた「反日教育」の実態と、それに感化された中国国民の「反日感情」のありかを日本の皆さんに伝えるための警鐘本を発刊したのです。タイトルは『なぜ中国人は日本人を憎むのか』でした。

以来、20数年間にわたり私は中国の政治、経済の実態をレポートしてきました。とりわけ中国共産党の素顔とその悪辣さについて、掘り下げて伝えてきたつもりです。

そしてここにきて、私はこれまでの言論活動に〝安住〟することなく、より現実の世界において日本のために貢献できる実践活動を展開していきたいと強く願うようになりました。

その源泉は本章にも記したとおり、昨今の日本が中国の狡猾な手口に絡めとられ、日本国民が望む方向とは異なる方向へと進みかねないのではないか。そんな強烈な危機感を抱かざるを得なくなったからです。

考えてみればこの20数年間、日本に対する中国の脅威は強まり続けている。そんな中国の脅威とどう対峙するのか。いま、これはまさに民主主義国家・日本の運命を決する切実な問題となって浮上してきているのです。

一方、中国が日本に仕掛ける浸透工作、あるいは乗っ取り工作も水面下で静かに進んでいます。

大仰でなく、このまま手をこまねいていては、日本および日本人は中国に呑み込まれてしまい、チベット人やウイグル人の二の舞になりかねません。

加えて、本章において警鐘を鳴らしたように、安倍元首相亡き後の政治が非常に心許ないわけです。現在の自公政権には、中国の脅威にどう太刀打ちするかという問題意識がきわめて乏しい。

のみならず、中国に迎合する〝媚中外交〟を展開したため、逆に中国を増長させている始末です。

自分は一日本国民として、自分の子孫をこれから日本の地に残したい一人として、忸怩《じくじ》たる日本の現状を看過することはできません。

もはや言論界に安住し、モノを申すことで満足してはいられないのです。

中国から日本に帰化した私だからこそ、中国共産党の悪辣さとその手口を知悉している。そんな私だからこそ自ら政治の場に名乗り出て、一尖兵《せんぺい》として中国の脅威に対抗するための国家戦略を構築し、外交戦略の立て直しを、国会の場で実践していきたい所存です。

安全保障上の中国の脅威と並び、私がもう一つ大変な問題意識として抱えるのは中国の反日教育と、中国人の反日感情です。

江沢民により実施された反日教育は衰えることなく、昨年9月、日本人児童が深圳市において残酷極まりない形で殺されるという悲劇を招きました。私も一人の息子を持つ親として、日本国民の一人として、絶対に許せない。二度とさせてはならない思いで一杯です。

そのためには外野から非難の声を挙げているだけでは駄目なのです。国会の場で、中国の反日教育と反日感情にどう対処するか。われわれの叡智を結集して、国として中国に働きかけ、実行していくべきなのです。その役割を少しでも自分が担えたら幸いであると考える次第であります。

（2025年3月2日に石平先生が出馬を取りやめると表明されました。本来なら原稿を訂正して出版すべきですが、書籍の進行上、この一文を加えることにとどめます。不出馬も残念ではありますが、読者諸兄のご理解をたまわれば幸いです。ビジネス社編集部）

第7章

対談　山上信吾（前駐豪大使）VS石平

日本外交のていたらくを叱る！

山上信吾（やまがみ しんご）

前駐オーストラリア特命全権大使。1961年東京都生まれ。東京大学法学部卒業後、1984年外務省入省。コロンビア大学大学院留学を経て、2000年在ジュネーブ国際機関日本政府代表部一等書記官、その後同参事官。北米二課長、条約課長を務めた後、07年茨城県警本部警務部長という異色の経歴を経て、09年には在英国日本国大使館政務担当公使。 国際法局審議官、総合外交政策局審議官、日本国際問題研究所所長代行を歴任。その後、17年国際情報統括官、18年経済局長、20年駐オーストラリア日本国特命全権大使に就任。 23年末に退官し、現在は同志社大学特別客員教授、TMI総合法律事務所特別顧問、笹川平和財団上席フェロー等を務めつつ、外交評論活動を展開中。著書に『日本外交の劣化　再生への道』（文藝春秋）、「超辛口！『日中外交』」（Hanada新書）などがある。

岸田政権、石破政権と続く対中弱腰外交

山上　いま、日中間においてきわめて深刻な事態が進行しています。やはりその分水嶺は2022年の8月だったと思います。前月に奈良で安倍晋三元総理が暗殺され、その1カ月後に中国が日本の排他的経済水域に弾道ミサイル5発を初めて撃ち込んできました。そのとき日本政府は中国政府に対して、ろくに抗議もできなかったのです。

当時の外務省の森健良《たけお》次官、彼は大使をやったことがない外務官僚。本来であれば、中国の孔鉉佑《こうげんゆう》駐日大使を呼びつけて、彼の目を見つめて腹の底から抗議すべきでした。なのに彼は「もしもし」の電話で済ませた。

石平　信じられない。一国の〝主権〟が脅かされたのにかかわらず、外交的には侵略されたのと同じ意味合いなのに。それを電話一本でおしまいですか。

山上　もしそれが逆の立場であったなら、どうなりますか？　大騒ぎになって、中国大使は日本から引き揚げるでしょうね。モノを言うべきときに言えない。怒るべきときに怒れない。本当にこの現象が岸田政権、続く石破政権と一貫して続いている。

私としてはきわめて憂慮していますし、何をやっているんだという怒りの気持ちが日々高まっています。これは石平さんにも共感してもらえるのではないでしょうか。本当にこうした姿勢を一刻も早く変えていかないと、取り返しのつかないことになります。

石平　先の大使との対談本『超辛口！「日中外交」』（飛鳥新社）のなかでも語り合ったのですが、田中角栄元総理以来、日本の対中外交はすでに取り返しのつかない国益の損害を出してきた。そのことについて、いまでも日本政府、外務省は反省一つせず、同様の外交を続けていることが私には信じられません。

山上　そのとおりです。なんでこんなに脆弱《ぜいじゃく》になってしまったのか。もともと日本の弱腰外交と言われる下地には、日本人のナイーブでお人好しの性格があったのです。ただしここに至って、中国に対してはそれを超えたどこか腫《は》れ物に触るようなビクビクしたものを感じます。岸田前総理、石破総理にもそれが顕著に見受けられる。

世界的な通用力を備える「自由で開かれたインド太平洋戦略」

石平　私自身は、安倍政権のなかで山上大使が駐豪大使を務められたとき、本来あるべき外交の姿を取り戻したように感じたのですが、そこはどうですか？

山上　本日は我が家の金庫から家宝を持ってきました（笑）。何かというと、日本のセイコー製の腕時計です。実は私が豪州から離任をするときに、トニー・アボット氏はじめ3人の首相経験者からいただいたセイコー・プロスペックスという時計です。ただし、文字盤が豪州原産のユーカリの木の色でつくられた豪州限定発売。つまり、「オーストラリアのことを忘れてくれるな」という気持ちがこもった洒落た餞別《せんべつ》なのです。

懸命に仕事をした甲斐《かい》があったわけです。当然ながら私は日本ファーストの考えに立って、日豪関係をどう日本のために活用していくかという視点で動いてきました。それでも豪州側の人たちが私の仕事ぶりを評価してくれたのがとても嬉しかった。

そういう意味で、いま問題になっている中国についても、米国のみならず、豪州、英国と足並みをそろえていく。はっきり言って、日本の国力が不足しているだけに、こうした連携が必要だと考えています。

石平　大使が豪州で頑張っておられた頃、安倍政権は「価値観外交」という旗印を掲げて、そこから発展した「自由で開かれたインド太平洋戦略」という希有壮大な構想を開示しました。そして現在において、この「自由で開かれたインド太平洋戦略」は世界的に認められるものにまでなっています。

私からすると、これは中国がつくろうとしている身勝手この上ない世界秩序とまともにぶつかって、「それは駄目ですよ」と立ち向かっているものである。そう私は捉えています。

山上　おそらく将来の歴史の教科書には、「自由で開かれたインド太平洋戦略」、「日米豪印のクアッド」は必ず記載されると信じています。ちょうど894年に日本が遣唐使を〝廃止〟したようなものです。

石平　日本の先人はたとえば、戦前の大日本帝国は共存共栄の理念を掲げて大東亜共栄圏をつくろうとして、大東亜戦争に突入した。

私は日本人の気概とは、中華帝国に負けない、怯《ひる》まない。真正面から対抗する。その現代版が安倍政権の「自由で開かれたインド太平洋戦略」だと考えています。

山上　そうなのです。日本外交、大東亜戦争敗戦後の日本外交が打ち出した概念としては、世界的に通用するきわめて珍しい概念でした。それまでは国連中心主義だとか、まあ、訳のわからないことを唱えていた。何を言いたいのか意味不明でした。

いまの石破総理にしても、「アジア版NATO」とか言っているけれど、安倍さんの「自由で開かれたインド太平洋戦略」は多くの人々がなるほどとうなずき、賛同してくれるわけです。その概念を日本国の総理大臣が打ち出した。これはまさに画期的な出来事でしたね。

石平 日本史のなかで初めてのことですよね？

山上 そう思います。だからこそ、このレガシーを大切に引き継いで、さらに大きな樹にしていかねばなりません。そんなときに「岸破（岸田＋石破）政権」は何をしているんだ、ということです。だから、その意味でいまは**日本の正念場**といえます。

石平 ここで留意すべきは何ですか？

山上 日米間にすきま風が吹いているのではないか。そう捉えた中国が日本に向かってさかんに「おいで、おいで」と手招きしている。それで「はい、わかりました」と応えて、率先して北京詣でをしているのがいまの石破政権の姿といえます。

日米間のやりとりを見て石破政権に接近してきた中国

石平 日本が正念場を迎えているなか、第2次トランプ政権が始動しましたが、これで国際政治は激しく変わるものと思われます。大使の展望を聞かせてください。

山上　トランプ効果は凄まじいものがあります。シリアのアサド政権が崩れたのも一種のトランプ効果の〝前倒し〟だと思います。中国の外交姿勢の変化にしても、明らかに影響を受けている。手強いトランプが国際舞台に再登場してくるというので、著しく警戒感を高めているということです。カマラ・ハリスであればはるかに与《くみ》しやすかったのにと、中国は思っているはず。

石平　そこで日本は何に腐心すべきでしょうか？

山上　大統領再登板決定後、石破総理が最初にトランプさんと電話会談したのだけれど、なんとわずか5分で終わってしまった。韓国12分、フランス25分、日本5分とオールドメディアの人たちにも揶揄《やゆ》された。かつその後に石破さんが「会いたい」と言ったら、「就任前に各国首脳とは会えない」と体よく断られてしまった。

石平　ところが、カナダやフランス、イタリアやウクライナのトップたちとは会っていた。

山上　こうした日米間のやりとりを見た中国側は、日米はしっくりいっていない、すきま風が吹いているではないかと。ここにちょっと**手を突っ込んで離間させてやれ**と考え、「おいで、おいで」をしたのではないでしょうか。

いくつかぶら下げたニンジンの一つが「日本人に対する中国ビザの免除」であり、「日本からの水産物の禁輸措置緩和の検討」などでした。このようなボールを投げてきて、石破政権の反応を探ってきたのでしょう。

「尖閣諸島は日本の領土である」と明言するマルコ・ルビオ国務長官

石平 異なる視点で見ると、ビザの免除は昨年11月後半でした。さらに昨年8月に起きた中国軍機による日本領空を初めて侵犯した問題を、やはり同じく昨年11月後半に、その事実を認めた。白々しく、あれは気流の妨害による〝不可抗力〟と説明しましたが。このように昨年11月後半になると、中国は立て続けに**日本に対して秋波**を送り続けてきた。

なぜこの時期だったのか？ 次期トランプ政権の閣僚が次々と発表されたこととおおいに関係があったはずです。新政権のマルコ・ルビオ国務長官とマイケル・ウォルツ大統領補佐官（国家安全保障担当）はどのような人物なのか、教えてください。

山上 実は私自身は、国務長官になるマルコ・ルビオ氏には以前から注目していました。われわれが働きかけたことがないとは言わないけれど、もともと確固とした世界観、歴史観、国家観を持っている人であるのは間違いない。

彼はキューバ移民。キューバ系米国人で、フロリダ州選出の上院議員です。一時は共和党内で大統領指名選挙をトランプさんと争っていた。彼は二つの点で、通常の米国の政治家とは違う側面を持っているのです。

一つは、「尖閣諸島は日本の領土である」と明言する人であることです。えっ、米国の立場はそうではないのかと思い込んでいる日本人は多いかもしれないけれど、現実にはそうではありません。

実はこれはコンニャク（思い込み）問答なのですね。日米安保条約は尖閣に適応される。なぜなら、尖閣は日本が実効支配しており、日本の施政下にあるから。だから、これは北方領土や竹島と法的位置づけが違うわけです。ここまでは歴代米国政府は同じ立場です。

ところが、その先に進み、尖閣は日本のものなのか？

石平 どうなんですか？

山上 言葉を濁すわけですね。米国国務省の言い方はこうです。尖閣の領有権の問題については〝立場〟を取りません。とんでもないコンニャク問答なのです。

石平 米国の公式の姿勢には落とし穴があるということですね。尖閣諸島はあくまでも日本の施政権の下にある。ただ、それが証明されなければ、日米同盟は発動されないと。

山上　だから仮に中国が尖閣を〝不法占拠〟したら、どうなるのかという問題があります。それから日本人がもっと強硬に指摘すべきなのは、第二次世界大戦後しばらく、沖縄や尖閣諸島、いわゆる南西諸島の一部として米国が施政権を行使していたことです。

１９７２年に沖縄が日本に戻ってきた。そのときに尖閣も一緒に戻ってきたのです。厳密にいえば、１９５２年にサンフランシスコ講和条約が発効してから約20年間、米国が施政権を行使してきたのが尖閣諸島だった。なのに、尖閣がどこの国の島なのかわからないというのでは、意味をなさない。

たとえ話でいうと、ゴルフセットを私が石平さんから借りていたとしましょう。それを20年間も借りて、使いまくった。もう要らないから返そうということで、石平さんにゴルフセットを返しながら、「でも、このゴルフセット、石平さんのものか、オレもわからないからね」と言っているようなものなのです。実は、こんな〝失礼千万〟なことはないわけです。

石平　私は本質的なところがかみ合っていないと思います。米国が尖閣を日本の領土と認めることだけで、中国が不法侵入しただけで、侵略になるわけだから。日米安保条約が発動される。

そのあたりを「尖閣諸島は日本の領土である」とするマルコ・ルビオ国務長官はどう捉えているのかを知りたい。

山上 そこはルビオ氏でなくとも、尖閣の歴史を学んでいれば、そして国際法を身につけている人ならば、軍配を日本に挙げるはずです。日本が尖閣を領土に編入したのが1895年で、その時点で日本の領土たる論拠を明らかにした。それから76年間、1971年まで中国は一言も異議をはさんでこなかった。

戦後、米国が施政権を行使していたとき、尖閣の一部の久場島《くば》と大正島という小さな島の上で米軍が射撃訓練、爆撃訓練を行なっている。それでも中国は何の抗議もせず、沈黙したままでした。自国の「神聖な領土」ならば、文句を言ってくるでしょう。

だから、はっきり言って、法的には勝負はついているのです。勝負がついているのに、「米国は他国の領土問題について口出ししない」という一般論を尖閣にも当てはめてきたのが米国の国務省でした。マルコ・ルビオ氏は、それはおかしいではないかと語っている人なのです。

石平 そうか。日本としてはルビオ国務長官の任期中に、それを米国の公式の立場にしてもらわなければいけない。

山上　そのためにいま日本の外務省、日本政府がすべきことは、ルビオ国務長官と会って、擦《す》り合わせをすること。それが最優先です。ですから、岩屋外相が真っ先に向かうべきは北京ではなく、ワシントンだったのですね。

石破はあの晋三を背中から刺し続けた男という米国側の認識

石平　ここで日本の石破政権の話に転じるのですが、なぜトランプ大統領は石破首相にあまり関心を示さなかったのか。もしくは嫌っているのか。改めてお聞きします。

山上　三つの理由がすぐに浮かびます。一つは、選挙で負けていることです。先の衆議院選挙において、自公で過半数を取れなかった。これは米国の政治家に言わせれば、国民の信任を得られていない。ということは、何か新しいことを始めるマンデート（負託）を得られていない。だから、短命に終わるかもしれない。なんでこんな石破総理にわざわざ会わなければならないのかと感じていて不思議ではありません。

二つ目は、石破さんが目玉として掲げた「アジア版NATO」と「日米地位協定の見直しと改定」。これについてトランプはまったく関心を示さない。

石平 トランプさんは冗談だと思っているのでは。両方とも。

山上 冗談だと私も思いたい。国際関係論を勉強したての大学一年生ならばわかる。でも、長年自民党で総理総裁を目指してやってきた人が目玉政策として打ち出すには、あまりにも的を外した内容だと思います。

だから、トランプもこんな人と会っていられるかということになってしまう。なぜなら、これらは現在の一丁目一番地のテーマではないですから。

一朝起きるかもしれない台湾海峡有事の問題には何も触れずに、「アジア版NATO」と「日米地位協定の見直しと改定」でしょう。この二つのテーマは当然、石破政権の任期中には片付きません。10年、20年かかるようなテーマです。そんなものに付き合っていられないのでしょう。トランプとしては。

三つ目は、安倍晋三と石破さんとの関係でしょう。安倍さんはトランプにとり〝盟友〟でした。「石破はあの晋三を背中から刺し続けた男」だという芳《かんば》しくない情報が政府内でトランプに必ずあがるわけです。私のCIAや国務省の知り合いの認識もそうですから。

だから、こういうマイナスの理由が三つもそろっていては、トランプが石破総理と会う優先順位は下がってしかるべきということになります。

石平　そういう状況なら尚更のこと、岩屋外相がワシントンに飛んでルビオと突っ込んだ話をしなければならなかった。そういうことになりますか。

山上　もう遅いですけれど、本当はまずは民主党政権時のブリンケン国務長官にまず会ってから、ルビオさんがいるフロリダへ向かえばよかった。それをやっただけで、日米関係はかなり変わったはずですが、そうはしなかった。

私も自分のX（旧ツイッター）に書きましたよ。

「なんで岩屋大臣は訪米じゃなくて訪中なの？」

米国の不信感を招いた日本政府、外務省の動き

石平　外務省のなかで、山上大使のようなアドバイスをする人はいるのですかね？

山上　必ずいたと思います。私と同じ意見を持っている人間は、少数であってもいます。けれども、そういう人たちの意見は通らなかったんでしょう。

石平　本来ならば、トランプ政権との信頼関係、連携を固めてから、中国へ出向くのが筋でした。私が一番危惧しているのは、繰り返しになりますが、こういうことです。

すでにトランプ大統領と周辺の人間が石破総理に対する不信感を抱いているなか、トランプ政権と顔合わせをする前にわざわざ北京に行き、中国との連携を強めるようなことをしてしまった。いまさら米国が抱く不信感をどう払拭すればいいのでしょうか?

山上 私は政府の役人でしたから、「いや、そんなことはありません。日米関係は盤石ですから」って言いますよ(笑)。

でも、もう辞めたから、自由に言います。石平さんの言われるとおり、当然、石破政権の動きは米国の〝不信感〟を招きます。

トランプ政権のなかで毀誉褒貶《きよほうへん》著しい人たちが閣僚に任命されるなか、国務長官にマルコ・ルビオ氏が選ばれた。尖閣諸島は日本の領土だと言い切り、靖国参拝をどうこう言うべきではない。こんなに素晴らしいことを言ってくれる人が国務長官になった。

さらに安全保障担当の大統領補佐官にマイク・ウォルツが任命されました。彼はかつて米陸軍のグリーンベレー部隊にいた人物です。夫人は東工大(現・東京科学大学)で学んだ。これはまさしく天の配剤なのです。

つまり、ラインアップとして日本と〝意思疎通〟がきわめてしやすい人物がそろっている。米国がようやく中東やウクライナから、東アジアに集中すべきときがやって来た。本気で中国に対峙しなければならないと舵を切ったわけです。

そのときに肝心要の最前線にいる日本は何をやっているのか。そういうことなのです。

石平 トランプ政権がこのような人事を固めて、これから習近平政権と対峙していく、外交的な戦いも辞さぬというときを迎えた。その前に米国の盟友である日本は、これから戦う相手の懐に飛び込んでいった。これは米国にすれば、裏切り行為に見えても仕方がない。

プーチンの戦いに決してご褒美をあげてはならない

山上 いまの日本は、二つの大事なことをしなければならないと思っています。一つは、トランプ政権はウクライナの戦争を一日でも早く終わらせたい。これです。

「自分が大統領になった24時間以内に終わらせる」と選挙戦の過程から言及しているような人なのでね。ところが、われわれが留意しなければならないのは、ウクライナ戦争の決着の付け方が、その後の東アジアに必ず影響を与えることです。

もっとわかりやすく言うならば、プーチンのロシアが行なった侵略に対して、決してご褒美をあげてはならないということです。たとえばロシアが侵略した領土はそのままロシアに帰属するとか、ウクライナのNATO加盟の将来にわたっての禁止みたいなことです。

石平　これはプーチンの行為を〝正当化〟することになってしまう。

山上　これを許してしまうとどうなるのか？　必ず中国を〝元気づける〟わけです。つまり、台湾を侵攻しても大丈夫だなと。ゴーサインになってしまいかねない。「ここをよく考えてください」とトランプ大統領を諫《いさ》めるのが、日本の総理大臣、外務大臣の使命なのです。

もう一つは日米関係で、日本製鉄のUSスチール買収問題です。これだって民間企業の問題だからといって、日本政府は知らぬ存ぜぬの態度を押し通すのは止めるべきです。政府は日本企業を手助けをする。日米は力を合わせて中国の鉄鋼産業が世界を席巻するのを防ぐ。日米の鉄鋼のサプライチェーンを強化して経済安全保障を確保していくというメッセージを、日本政府は自ら出さねばならない。

ところが、岸田前首相は米国議会に対して何も言葉を発しなかった。石破首相はトランプと深く話せない。岩屋外相は米国に行こうとしない。日本からは何のメッセージも出ていません。

日本は中国にモノを申さないのみならず、米国にもモノを申さない。本当に奇妙なことになっている。

石平　大使の話を聞いていると、トランプ政権のスタートで世界の政治状況が激変する流れのなかで日本が取り残されている。付いていけない。これでは危惧が強まるばかりです。

山上　石破政権関係者はトランプ政権にビビっているのではなく、もっと日本の国益のためにどう使うか。これをテーマに冷徹な議論をすべきなのです。なのに日本の舵取りをする連中はどこか呑気《のんき》に見えて仕方がない。

年末の日本経済新聞を読んでいたら、前の外務次官が「安倍政権はトランプ氏に愛を注いだ。これから日本はトランプ氏に愛を注がなければいけない」みたいな議論をしていたけれど、笑止千万《しょうしせんばん》の域を通り越しているお粗末さ。意気消沈しました。外交のプロと言われる人たちでさえ、このナイーブなまでの弛緩ぶりです。世も末だと思われる方もいるでしょう。

一点だけ、いま日本がすべきことを申し上げておきたい。

本当に大事なのは、トランプとどう向き合って、米国の圧倒的な軍事・情報力、政治・外交力、経済・技術力をどう日本の国益を実現するために使っていくか。それしかないのです。

いまだに外務省内で禁じられる言葉は愛国心

石平　このままでは日本外交の舵取りを外務省に任せるわけにもいかないし、時の政権はこれまで論じてきたとおり腰が据わっていない。国会はなす術《すべ》はないのですか？

山上　国会はえてして時間を空費するだけです。特に野党は与党の足を引っ張って、ああでもないこうでもないと、文句ばかり言っている。だから、外交というのは行政の一環なので、節目節目で例えば条約を結ぶときには国会の承認は必要だけれど、日々の外交政策は〝匠〟に任せるべきなのです。

　ところが、いまはその匠のレベルがガクンと下がっている。だから匠任せにせずに、石平さんのように日本の将来に危機感を抱いている言論人がガンガン発言することによって、日本社会全体のボトムアップを図らなければいけません。

　そういうなかから、外交に携わりたい、日中関係に深く関わりたいという人が出てきて、どんどん政府のドアを叩いて入ってくる。それで大量の〝輸血〟をして、日本をガラガラポンしなければいけない。いまの日本外交のていたらくを変えていくには、これしかないと思う。

石平　戦略観、大局観とその背後にある国家観。それに基づく外交が存在するのですが、そもそも外交は国益のためにあり、それを追求するのが外交官だと信じていました。

けれども大使に聞くと、外務省のなかで「国益」という言葉を使ってはならなかったとのこと。これには驚きしかなかった。

山上　ようやくこの10年で、外務省内で国益という言葉を言えるようになりました。でも、依然として言えない言葉があるのです。

石平　何ですか？

山上　「愛国心」です。中国ではよく「愛国無罪」と言いますが、日本の外務省の官僚は自国に対する愛国心を口に出すことを憚る雰囲気がある。「中国のために仕事をするのだ」と本気で言った中国課長がいたのが、日本の外務省ですから。

岩屋外相が中国に発つ前のインタビューで、「王毅外相と信頼関係をつくりたい」と語っていたのですよ。いまの中国の外務大臣と信頼関係などつくれるわけもないし、そんなことを試みるのは時間の無駄なのです。

石平　むしろ、あなたと信頼関係をつくりたいと言った時点で、相手側はそうであればその証拠を見せてくれと言ってくる。要は、中国の言いなりになってしまうということです。

山上 そもそも信頼関係とは、志をともにする、戦略的利益を共有する「同志国」との間にあるべきであって、中国ははっきり言って向こう岸にいる。だから、それは信頼関係ではなくて、是是非非で言うべきは言う。それが外交のイロハのイです。

岩屋外相がどうしても中国の外相と話したいのなら、その前にやってもらいたいことがある。それは在留邦人の安全をしっかり確保してからにしてください、ということです。日本の水産物の禁輸を撤廃してからにしてください。尖閣諸島の日本の（EEZ）内に中国が設置したブイを撤去してからにしてください。そういうことです。これらは信頼関係とはまったく別のものです。

石平 2025年の世界はどう変わるのか？ それを最後に聞かせてください。

山上 世界はトランプ政権がどう動くか、日本としてトランプ政権をどう使えるかで、ガラッと変わってくる。心配なのはトランプさんとイタリアのメローニさんを除いたG7のリーダーが基本的に弱いことです。

G7の輪をもっと太い輪にしていかなくてはいけない。それができるかどうか。それでロシア、中国、北朝鮮の行動、膨張を抑止できるかだと思う。

石平　そのためにも、われわれは大声をあげていきたい。

山上　吉報があります。私は本年4月から同志社大学の特別客員教授として勤務することになりました。だから週に2日は京都に行きますので、石平さんに会える機会も増えるはずです。今度は関西で対談しましょう。

おわりに
――軍における右腕と左腕を一気に切り落とされた習近平

2025年1月15日、香港の星島日報およびシンガポールの聯合早報は一斉に、中国人民武装警察部隊の王春寧《おうしゅんねい》司令官が失脚した模様だと報じた。

1月12日から13日に開催された「中央政法委員会」の全体会議に王氏が欠席したことを、CCTVが同会議の様子を放映した映像から確認できたからである。

中央政法委員会とは中国の武装警察・公安警察・秘密警察と司法部門を統轄する党の重要機関の一つ。武装警察部隊の王春寧司令官は公安警察や秘密警察のトップと並び、同委員会の8人の副書記となっている。ところが前述の会議において、書記・副書記のなかで彼だけが欠席であった。

しかも筆者の調べでは、昨年11月以降、彼の動静は一切伝えられていない。ということから、その時点から彼は失脚したのではないだろうか。

王氏はもともと陸軍出身の軍人。解放軍第12集団軍の軍長（司令官）を務めた。軍における習近平の最側近であった苗華氏が第12集団軍の政治委員を5年間務めていた。そこで王氏と苗氏との〝接点〟ができ、王氏は苗氏を通して軍における習近平一派の一員となったとされる。

そして2016年8月、王氏は解放軍の北京衛戍区《えいじゅ》の司令官に抜擢された。それは2012年11月に共産党総書記に就任してから4年目の習近平氏が、自らの政治基盤を固めるために行なった重要な軍人事であった。

なぜなら解放軍の北京衛戍区には、首都防衛隊として中央に陣取る精鋭部隊が集結する。かつての日本でいうならば、さしずめ近衛兵《このえへい》にあたる。この軍隊を動員されれば、北京にいる政敵はすべて潰されてしまう。

つまり北京衛戍区部隊を掌握することで、習近平主席は自らの防備を完全なものにすると同時に、中央での〝政治闘争〟に勝利するための剣を手中に収めた。

さらに2020年12月、2期目の習近平政権の下で王春寧氏は、武装警察部隊の司令官に任命された。知ってのとおり武装警察部隊は「第2の解放軍」と称され、解放軍が主に対外戦争を担当するのに対し、武装警察は国内の〝暴動鎮圧〟と〝体制維持〟を任務としている。

その意味において、共産党政権内の権力闘争における武装警察の重要性はむしろ解放軍を上回っている。そう言わざるを得ない。

したがって習近平主席は2023年あたりから側近の苗華氏を通して解放軍を掌握する一方、さらに側近となった王春寧氏を通して武装警察を掌握した。二つの軍を掌握することで、習主席は自らを中心とする〝独裁体制〟を盤石にすることに成功した。


ところが筆者が幾度か取り上げてきたとおり、昨年11月に苗華氏が失脚し、習近平による解放軍支配は瓦解《がかい》してしまった。そして前述のように、武装警察トップの王春寧氏も同時期に公の場から姿を消した。

こうした状況は何を示しているのか？　取りも直さず、張又俠軍事委員会副主席を中心とする解放軍勢力が軍における習主席の側近を排除した。と同時に、武装警察に配された習主席の代理人の排除にも成功したことをうかがい知ることができるのだ。つまり、解放軍側は習近平主席の右腕と左腕を一気に〝切り落とした〟格好となった。

むろん、習近平側は座して死を待つことなどしない。

本年1月10日、習近平派残党の反撃と思われる動きが見られた。北京にて中央軍事委員会の規律検査委員会・全体会議が開催された。

同会議で軍事委員会副主席の何衛東氏が講話を行なった。一時姿を消して以来の久しぶりの登場である。そのなかで彼は「習近平思想を指針として軍を厳しく統制する」ことを強調、例の「二つの確立」にも言及し、軍に対する習近平の統帥権を強く主張した。

何衛東氏は福建省に駐屯する解放軍部隊に勤務する時代から習近平の知遇を得て、軍における側近の一人だった。ということは、彼のこの挙動は当然ながら、筆頭副主席の張又俠たちによる「習近平排除」に対する〝反撃〟と理解される。

しかしながら、張副主席が件の会議に出席することはなく、何氏の挙動を無視する姿勢を取っているし、何氏の発言に対する解放軍報の取り上げ方は冷淡この上ない。

要するに、何氏による反撃はあまり効果をあげていないように見られる。習近平はすでに、軍と武装警察の両方を失った、と筆者は考えている次第である。

そして本年1月26日、春節（旧正月）の恒例行事の一つとして、前述の何衛東氏（習近平派）は再び登場した。彼はその日、北京駐屯の人民解放軍部隊を慰問した。

そのなかで彼は将校、兵士たちに向かい、「〝二つの確立〟の決定意義を深く悟り、断固として〝二つの維護〟を実践せよ」と呼びかける一方、「軍事委員会主席指導制の貫徹」を強調した。

二つの確立と二つの維護とは、党と国家に対する習近平主席の絶対的独裁地位を擁護する場合の常套句であるのは、これまで筆者が指摘してきたとおり。「軍事委員会主席指導制の貫徹」はまた、軍に対する習主席の絶対的指導地位を強調するための用語である。

何衛東氏は習近平が福建省勤務時代に目をかけた側近の軍人であるが、今回、軍の正式会議でもなく、将校・兵士たちへの正月慰問の場で上述のような習近平擁護の政治発言をことさら行なったのには理由があった。

習近平による軍掌握の要であった苗華氏の失脚以来、軍による習近平排除が進むなか、何氏が軍における習近平勢力の最後の〝生き残り〟をかけた反撃を試みたと捉えるべきであったからだ。

しかしながら、同じ1月26日に同じく解放軍部隊を慰問した中央軍事委員会筆頭副主席の張又俠氏（反習近平派）は将校、兵士たちに、二つの確立と二つの維護、軍事委員会主席指導制の貫徹には一切触れず、相変わらず「習近平無視」の態度を貫いた。

この出来事は軍事委員会の両副主席間の対立がより際立ったことを、われわれに伝えてくれている。

張又俠氏たちの習近平排除はいったいどこまで進むのか、解放軍における習近平勢力最後の砦となる何衛東氏はいつ排除となるのか。是非、読者諸氏には注目していただきたい。

〔著者略歴〕
石平（せき・へい）
1962年中国四川省成都市生まれ。1980年北京大学哲学部入学。1983年頃毛沢東暴政の再来を防ぐためと、中国民主化運動に情熱を傾ける。同大学卒業後、四川大学哲学部講師を経て、1988年留学のために来日。1989年天安門事件をきっかけに中国と「精神的決別」。1995年神戸大学大学院文化学研究科博士課程修了。民間研究機関に勤務。2002年『なぜ中国人は日本人を憎むのか』を刊行して中国における反日感情の高まりについて先見的な警告を発して以来、日中問題・中国問題を中心に評論活動に入り、執筆、講演・テレビ出演などの言論活動を展開。2007年末日本国籍に帰化。14年『なぜ中国から離れると日本はうまくいくのか』(PHP) で第23回山本七平賞を受賞。著書に『中国大恐慌の闇』『「中国大恐慌」時代が始まった！』『やっぱり中国経済大崩壊！』『中国経済崩壊宣言！』『習近平・独裁者の決断』（ビジネス社）、『中国の脅威をつくった10人の政治家』（徳間書店）、『「天安門」三十年　中国はどうなる？』（扶桑社）、『なぜ論語は「善」なのに、儒教は「悪」なのか』（PHP）など多数ある。

今ここにある日本の国難

2025年 4 月 1 日　第 1 版発行

著　者　石 平
発行人　唐津 隆
発行所　株式会社ビジネス社
〒162-0805　東京都新宿区矢来町114番地　神楽坂高橋ビル５階
電 話　03(5227)1602（代表）
FAX　03(5227)1603
https://www.business-sha.co.jp

印刷・製本　株式会社光邦
カバーデザイン　中村聡
本文組版　茂呂田剛（エムアンドケイ）
営業担当　山口健志
編集担当　本田朋子

ISBN978-4-8284-2713-3

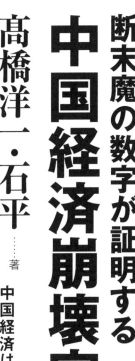